Marc Dannam

1001 secretos eróticos

Grupo ROBIN BOOK
Barcelona - México
Buenos Aires

Marc Dannam

1001 secretos eróticos

ROUGE

Título original: *1001 Sécrets érotiques*

Ilustración de cubierta: Arthur de Pins

Ilustración de interior: Axterdam

Diseño de cubierta e interior: Pacmer

ISBN: 978-84-7927-964-6

Depósito legal: B-36.142-2008

Impreso por Limpergraf,
Mogoda, 29-31 (Can Salvatella),
08210 Barberà del Vallès

Impreso en España - *Printed in Spain*

Compañero ideal de tus noches, deja este libro en la mesita de noche y hojéalo antes de perderte en las pasiones de la carne. Compuesto de listas, de listas y más listas, recogidas en el mayor de los desórdenes y sin nada en común más que su tema, el placer, este sencillo manual te adentrará en uno de los secretos de los dioses más bien guardados. En él descubrirás todo lo que necesitas saber para practi-

el manual de cabecera

car una felación con éxito (¡secreto a voces!), cuáles fueron las cortesanas más célebres (¡secreto de Estado!), cómo elaborar un filtro de amor (¡secreto de fabricación!), cómo acertar en un estriptis (¡secreto de sirvienta!) o mantener una erección (¡secreto profesional!), y mucho más... En suma, mil y un secretos para sacar a relucir en los encuentros sociales o arder de pasión (¡en el amor, seguro!) en la oscuridad de tu alcoba, mil pequeños detalles para divertirte entre besos húmedos.

Pero sobre todo, no dudes en utilizar todas estas historias como complemento de algunos juegos: adivinanzas, desafíos, gags, tests de personalidad, etc. Pues, del dicho al hecho... no siempre hay un buen trecho y que no sea por falta de jugar desnudos en la cama...

Haciéndolo, acuérdate de este poema anónimo, escrito hacia 1450:

Si la besáis, quince suma;
Si la teta tocáis, treinta;
Si al monte dais captura,
Cuarenta y cinco se cuenta.
Pero si metéis en la grieta
Lo que a la dama le apetezca,
Notad bien lo que se canta
Ganáis el juego sin más cuenta.

un poco...

10 maneras «de **menear la Vara de Jade**»

según los erotólogos chinos

Según el maestro taoísta Li Tong-hsuan, médico del siglo VII «hay nueve maneras de menear la Vara de Jade...». O sea, nueve maneras para el hombre de mover su sexo en la vagina de su amante. ¿Nueve? ¡Veámoslo!

1. «Utilizarla como un sable o un látigo, de derecha a izquierda, como un general valeroso dispersando a las líneas enemigas.»

2. «Moverla de arriba a abajo como un caballo salvaje saltando un río.»

3. «Retirarse y hundirse como un vuelo de gaviotas jugando con las corrientes de aire.»

4. «Alternar con rapidez golpes profundos con poco profundos, como un gorrión picoteando los granos de arroz que han quedado en el mortero...»

5. «Una sucesión regular de golpes profundos y golpes menos profundos, como grandes piedras cayendo al mar.»

6. «Empujar hacia adelante con lentitud, como una serpiente entrando en su madriguera para hibernar.»

7. «Empujes rápidos, como un ratoncito asustado precipitándose hacia su escondrijo.»

8. «Salir lentamente, como arrastrando los pies, igual que un halcón agarrando a un escurridizo conejo.»

9. «Salir primero y luego entrar en picado, como una vela mayor desafiando los golpes de viento.»

10. Pero el buen maestro olvidó la décima: sencillamente quedarse inmóvil, y esperar a que eso pase...

10 **cortesanas europeas** de temperamento exuberante

Evidentemente, no siempre son buenos ejemplos para los niños. Estas mujeres pagaron su libertad siendo amantes de reyes, duques o condes e incluso a veces, librándose a la prostitución de altos vuelos. Pero tenían algunas anécdotas curiosas.

1. La Gallerani (Cecilia Gallerani, 1473-1536).
Fue la amante del duque de Milán Ludovico Sforza desde muy joven y su relación duró unos trece años. Culta, universalmente apreciada y considerada por algunos una protectora de las artes, presidía debates sobre diversos temas en reuniones de intelectuales milaneses. Leonardo Da Vinci la inmortalizó en el cuadro *La dama del armiño*. Llegó a ser condesa al desposarse con el conde Ludovico Carminati di Brambilla.

2. María Bolena (de la influyente familia Bolena,1499-1543).
María fue una de las amantes de Enrique VIII de Inglaterra y también de su rival, el rey Francisco I de Francia quien la describió, dicen, como «una gran puta, la más infame de todas». Se enzarzó en muchas relaciones amorosas que al final la llevaron a ser despedida de la cor-

te francesa volviendo a Inglaterra. Nunca gozó de la fama y dinero que tenían otras cortesanas reales. Se casó dos veces, la segunda, según parece, por amor.

3. Ninon de Lenclos (París, 1620 -1705).
Hija de un hidalgo de provincias, había recibido una esmerada educación, hablaba español e italiano y era popular por la agudeza y erudición que demostraba en sus conversaciones. A los diecisiete años tuvo su primera aventura amorosa, y desde entonces no paró. Llegaron a llamarla «Nuestra Señora de los Amores». Célebres fueron algunos de sus amantes: La Rochefoucault, Rambouillet, Richelieu, Voltaire... y Huygens, el astrónomo, quien escribió: «Tiene cinco instrumentos de los que estoy enamorado: los dos primeros, sus manos, los otros dos, sus ojos; para el mejor de todos, el quinto que falta, hace falta ser ágil y atrevido.» La historia no nos dice si el holandés lo fue en grado suficiente...

4. Lola Montes (María Dolores Eliza Rosanna Gilbert, 1818-1861).
Su vida fue increíblemente novelesca: tuvo por amantes a la mayor parte de los coronados de su tiempo, llegando a ser la favorita de Luis I de Baviera. Poco celosa de sus encantos, una noche apareció en un pequeño salón con el rostro disimulado por una máscara de carnaval y apenas vestida con un par de botas en las que había deslizado una fusta... Los espectadores quedaron deslumbrados por «sus pequeños pechos recargados de voluptuosa sensibilidad...»

5. La Dama de las Camelias (Marie Duplessis, 1824-1847).
Llevaba siempre una camelia blanca en el ojal, lo que le valió el sobrenombre... salvo algunos días al mes. La flor era entonces encarnada, y sus amigos comprendían el mensaje. Una obra de Alexandre Dumas (hijo) la hizo célebre en el mundo entero.

6. La Païva (Thérèse Lachmann, marquesa de Païva, 1819-1884).
Nació en el gueto judío de Moscú en 1819. Después de varias aventuras entre Londres y París, se casó en junio de 1851 con el marqués Albino-Franceso Aranjo de Païva. Al día siguiente de su boda, ella habría dicho a su marido: «Os habéis querido acostar conmigo y lo habéis conseguido haciendo de mí vuestra esposa. Quería una posición social y ya la tengo, pero vuestra esposa no es más que una prostituta... ¡Volved a Portugal! Yo me quedaré aquí con vuestro nombre y continuaré haciendo la puta.» Acusada de espionaje tuvo que abandonar Francia.

7. La Bella Otero (Agustina Otero Iglesias, 1868-1965).
Bailarina destacada de la Belle Époque nacida en Galicia, en épocas difíciles llegó a ejercer la prostitución. No era una práctica extraña que las artistas ejercieran de cortesanas y los hombres que podían pagar

las astronómicas sumas de dinero ganaban en prestigio. Ella fue una de las más cotizadas y fue amante de la mayoría de soberanos de su época como Eduardo VII de Inglaterra, Leopoldo II de Bélgica, Nicolás II de Rusia, Alfonso XIII de España... y el Shah de Persia, con el que aplicó al pie de la letra su divisa «La fortuna no viene durmiendo... sola.»

8. La Bella Valencia (Carmen Tórtola Valencia, 1882-1955).
Bailarina española que, inspirándose en Isadora Duncan, fue una pionera en la liberación de la mujer. Nacida en Sevilla, se especuló sobre su origen noble y real. Después de una actuación en el Folies Bergère de París se la llamó «La Bella Valencia». Su fama trascendió los límites profesionales a causa de sus innumerables amantes (gobernantes y escritores de renombre), y por su belleza andaluza de ojos verdes fue considerada una de las mujeres más bellas de Europa. Fue caricaturizada por el dibujante Papitu como otra Mata Hari y los intelectuales de la época dijeron de ella que «era la personificación del Oriente y la reencarnación de Salomé».

9. La Castiglione (Virginia Oldoini, condesa Verasis di Castiglione, 1837-1899).
Gran parte del encanto de esta mujer se concentraba en un pequeño detalle, referenciado por Horace de Viel-Castel: «Su busto es realmente admirable; se levanta orgulloso como los bustos de las jóvenes marquesas; los lazos [de su corpiño] no tienen ni una arruga; en una palabra, los dos pechos parecen lanzar un desafío a las otras mujeres.»

10. Mata Hari (Margaretha Geertruda Zelle, 1876-1917).
Espía al servicio de Alemania, fue sobre todo «bailarina desnuda». Su espectáculo de «danzas orientales» terminaba siempre de la misma manera: «lanza a lo lejos los ornamentos que esconden sus pechos. Después, desnuda, desmesuradamente grande y blanca, se estira en su inmensidad, directa hacia las tinieblas...»

10 zonas erógenas **femeninas**

La queréis acariciar y besar por todas todas partes, pero debéis saber que son especialmente sensibles...

1. Los pechos, los pezones, las tetas.
2. El lóbulo de las orejas.
3. El hueco de los riñones.
4. La boca.
5. Las axilas.
6. El ombligo.
7. Las nalgas.
8. El precioso clítoris, y la vagina, evidentemente.
9. El interior de los muslos.
10. El perineo...

10 **escenas pornográficas** sazonadas de cine «independiente»

No es necesario arriesgarse a pasar por un obseso disimulando algunas pelis porno en las estanterías cuando se pueden exponer tranquilamente como grandes obras culturales y estéticas con algunas escenas de una pornografía y una audacia nada limpia.
Fragmentos escogidos en la colección de DVDs de un esteta libidinoso:

1. La escena de autofelación en ***Short Bus*** del director John Cameron Mitchell (2005). Un hombre joven intenta succionarse librándose a mil contorsiones durante su sesión de yoga, antes de satisfacerse cubriéndose de esperma. En la misma película, también podemos ver la escena de sexo entre tres gays que se cantan el himno nacional americano en el ano o en el borde del glande... DVD para clasificar en la estantería como «película independiente americana».

2. El rodaje de una película X, con Ovidie, en ***El pornógrafo*** de Bertrand Bonello (*Le Pornographe*, 2001). Se necesita, para ella, la mirada perdida de Jean-Pierre Léaud que interpreta el papel de realizador y con su sola presencia nos permitirá deslizar este DVD entre la colección de François Truffaut y *La Mamá y la Puta* de Jean Eustache.

3. La felación en kimono de ***El imperio de los sentidos*** (1976), desde ese momento un clásico del erotismo nipón. El DVD de la película de Nagisa Oshima pasará desapercibida en la estantería de cine japonés, colada entre Ozu, Kurosawa...

4. La escena del club de intercambios en ***Fóllame*** (*Baise-moi...*). Es un poco violenta, pero la película de Virginie Despentes y Coralie Trinh Thi (2000) seguramente podría encontrarse en la estantería de películas *underground* francesas. Las dos protagonistas, interpretadas por actrices de películas X, se pasan todo el tiempo haciendo el amor. No es nada aburrido.

5. El fantástico trío de ***Ken Park*** de Larry Clark (2003). La jovencísima actriz Tiffany Limos hace el amor con dos compañeros de clase, chupando lánguidamente a uno de ellos. Destaca también una escena de masturbación masculina con eyaculación. Aunque se trata antes que nada, claro, de un documental sobre el malestar de la juventud americana.

6. La felación practicada por Maruschka Detmers sobre su compañero Federico Pitzalis en ***El diablo en el cuerpo*** (*Il Diavolo in corpo,* Marco Bellocchio, 1985) es claramente un gesto político ya que la acción de la película está ambientada en torno a la extrema izquierda italiana de los años setenta. ¡Alehop! ¡Estantería de películas comprometidas!

7. La felación «interpretada» por Chloé Sevigny en *The Brown Bunny* (2003) de Vincent Gallo pertenece también al género «cine independiente» americano.

8. La felación de ***Batalla en el cielo*** de Carlos Reygadas (2005) os refrescará las ideas sobre un punto en particular: los tíos un poco gruesos y feos ¡también tienen sexualidad! En la misma película, veréis en diversas tomas a la joven Anapola Mushkadiz haciendo el amor con un hombre veinte años mayor... Una película mejicana, destacada en el festival de Cannes en 2005.

9. La escena de cama de ***Romance X*** (Catherine Breillat, 1999) permite camuflar una película con Rocco Siffredi con toda legitimidad en una colección de DVDs y al mismo tiempo se presta al debate ya que existe una controversia alrededor del realismo de la escena de penetración entre Rocco y la actriz Caroline Ducey. También apuntalan la obra algunas felaciones y planos destacadamente eróticos.

10. La escena de la orgía en ***Calígula*** de Tinto Brass (1979) acabará de haceros pasar por un cinéfilo esteta y decadente.

10 razones para **amar sus pies**

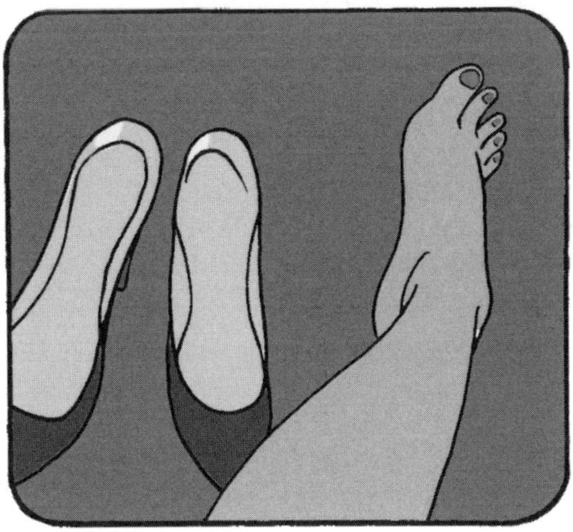

William Rossi, autor de una colección titulada *Érotisme du pied et de la chaussure* afirma que el fetichismo del pie sería uno de los más recurrentes. Igualmente, no es necesario alimentar ningún complejo en coger su pie amando a otros...

1. El Dr. Straker, psiquiatra canadiense, afirma que «el pie y las piernas tienen un valor psicológico especial a la vez consciente e inconsciente. Representan unos órganos extremadamente sexualizados...».

2. El sexólogo Havelock Ellis precisa: «En el momento actual de nuestra civilización, el símbolo sexual a menudo está conformado por el zapato más que por el propio pie...».

3. Aunque no importa qué calzado pues, según William Rossi, «Cuanto más alto sea el tacón, estrecho y contorneado, más sexy será [...] Puntiagudo y cónico, es un símbolo fálico indiscutible».

4. Según el informe Kinsey, el pie expresa el orgasmo. En el súmmum del placer, «el pie se estira y prolonga la pierna, con una posición imposible de tomar fuera de las situaciones eróticas, excepto por las bailarinas de ballet».

5. Una mujer caminando es sexy: «La atracción que ejerce depende menos de lo que muestre de su cuerpo que de su manera de andar», declara un sexólogo citado por William Rossi.

6. El coreógrafo americano Florenz Ziegfield afirmaba: «Antes de ver su rostro, quiero ver de qué modo andan. Hay más sexualidad en la forma de andar que en un rostro o en unas medidas.»

7. Según una leyenda urbana que circula entre las mujeres americanas, la talla de pie de un hombre sería una pista sobre la talla de su pene en erección.

8. El poeta Goethe fue un fetichista probado del calzado, existen algunas cartas dirigidas a su amante en las que le pide con insistencia un par de zapatos gastados por el baile, para «apretarlos contra su corazón».

9. Uno de los amantes de Mesalina (muerta en el año 48 en Roma) era fetichista de los zapatos y podía «hacer el amor» con las zapatillas de la picarona. Llevaba su trofeo a todas horas contra su pecho. Un día tuvo la mala idea de abrazar la zapatilla en público y fue así como en inglés la expresión «pelotillero» pasó a traducirse por «to kiss Messalina's slipper» (besar la zapatilla de Mesalina).

10. En los burdeles de finales de siglo XIX, los fetichistas del calzado recibían el sobrenombre de «hombres de bota». Algo aliviados por las chicas, se contenían, por lo general, de eyacular sobre sus botines...

10 **términos de argot** para designar el sexo masculino

Forma parte de los groseros que se enorgullecen de su «minga», de los pueriles que adulan a su «pito», de los barriobajeros adeptos a la «polla», de los vanidosos orgullosos de su «herramienta», de los precisos designando su «sexo». Os presentamos algunos sinónimos más floreados:

1. Martillo de Adán
Pues sirve para meter clavos...

2. Dedo gordo (de Petete)
Es el dedo más gordo que tiene el hombre y además... «El dedo gordo te enseña, el dedo gordo entretiene y yo te digo contento, hasta el polvo que viene». Podría ser lo que con humor se dijera después del «sábado sabadete... (pollo y polvete)».

3. Salchichón
Antes de la liberación sexual de la mujer, solía decirse que para disfrutar del salchichón, la esposa debía quedarse con todo el cerdo...

4. Biberón hinchable
Porque cuando te lo pones en la boca aumenta de tamaño.

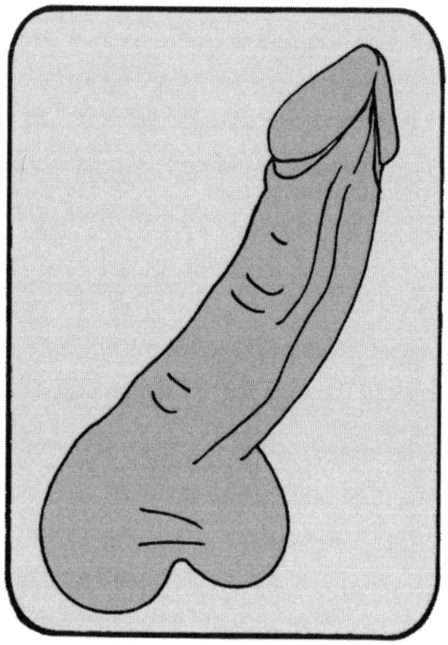

5. Taladro
Puesto que entra y sale para abrir agujeros.

6. Llave
El pene es la llave que cuelgan los varones de la entrepierna para entrar en el pórtico de la gloria.

7. Varita mágica
Con algunos toques al conejo... ¡magia!, se producen maravillas...

8. Cirio
Es cilíndrico, duro y se enciende con la chispa de la vida (léase hacer el amor). Una expresión: «empinar el cirio».

9. Ballesta
...Porque se arma, se tensa, apunta y dispara. También puede servir para la «pistola» y el «trabuco», otras denominaciones que recibe el sexo masculino.

10. Porra
Antiguamente había una porra de gran tamaño denominada cipote... Por ello, tanto «porra» como «cipote» aluden a un gran tamaño de este apéndice viril.

10 **posiciones acrobáticas** de los manuales de erotología del siglo XVIII

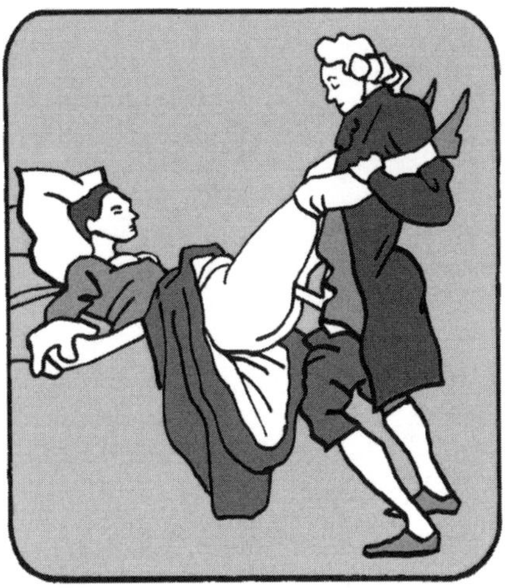

Erudición en la segunda estantería: *La Rhétorique des putains* (1794), *L'Arétin français* (1787), *L'École des filles* (1655), etc.
Antaño condenados a los infiernos, estos pequeños folletines anónimos explicaban, ilustraciones incluidas, cómo comportarse en la cama.

1. La Despedida

Según *Les Paradis charnels* (1903, obra que emulaba los manuales del siglo XVIII): «La penetrada en pie, apoyando un pie sobre una silla dispuesta delante suyo, su amante de pie y bien empinado, le mete el pino en la grieta y la besa (jode) dándose las lenguas, al tiempo que le manosea las nalgas y le postilla el ano...».

2. El artillero

Del mismo modo: «el galán se echa sobre el colchón, con el pie derecho en el suelo, y se sienta sobre su pierna izquierda doblada bajo su muslo. Entonces su amante se dispone encima suyo, con la rodilla izquierda alzada y la pierna derecha extendida...».

3. La jodienda

Leído en *Quarante manières de foutre* (Cuarenta maneras de joder, 1790): «La chica se gira de espaldas a su penetrador el cual le coge uno de sus muslos y entre ellos dispone el suyo, levanta el otro sobre su anca y la encoña empinado y sin miramientos...».

4. La carretilla

«Cuando la mujer tiene las dos manos en el suelo, las nalgas al aire y el hombre tiene sus dos muslos debajo de sus brazos, le mete la verga en el coño, haciéndola andar a medida que la empuja de culo», contado en la *Putain errante* (Puta errante, 1531).

5. La lavativa

En esta *Putain errante*, la lavativa es «cuando la mujer presenta su trasero sobre el borde de la cama, abriendo las nalgas, y el hombre la encoña, manteniéndose de pie» y...

6. El cangrejo

Es cuando «la mujer echada sobre sus espaldas deja su raja abierta a los golpes de su amante y este la coge por los pies, poniéndoselos sobre el estómago, y se la trabaja...».

7. La escuadra

«La mujer», se describe en *Les Paradis charnels*, «abriendo las piernas, pone un pie sobre un taburete; su amante, de pie a sus espaldas, le sostiene el muslo, coge a la doncella por la cintura, y mete por detrás a Príapo en el coño...».

8. De improviso

«La mujer de pie, con los codos y la cabeza apoyados en la pared, el pecho hacia adelante y las piernas abiertas, su amante la jode a lo perrita. Esta manera es muy practicada entre los que tienen prisa...»

9. La religiosa

«La doncella en la cama a horcajadas sobre su amante, pone sus manos sobre los hombros del gentil penetrador y de rodillas cabalga sobre el glande de Príapo exultante...»

10. La misteriosa

«El penetrador se sienta en una silla, la chica se arremanga sentándose también, pero sobre sus muslos, y dobla la espalda: acto seguido ella mete la mano bajo sus faldas, sujeta el alegre instrumento y lo coloca en su sitio...»

10 **estrípers** famosas de la Historia

Cuando llegue el momento de desvestirte, inspírate en las técnicas y en las astucias de las grandes damas del estriptis, mujeres de moral ligera o profesionales de la desfoliación.

1. Salomé

Como lo cuenta el Evangelio según San Marcos, «Salomé la hija de Herodiada entró y danzó, y complació a Herodes y a sus invitados. Entonces, el rey dijo a la joven: *"Pídeme lo que quieras que yo te lo daré."»*. He aquí un buen plan, desnudarse para obtener un pequeño regalo. Otra idea para guardar de la querida Salomé: ¡el juego de los siete velos!

2. Blanche Cavelli

Se la considera la primera estríper parisina: en 1894, cuidaba el «coucher de la mariée» en el escenario del Divan japonais, hoy el Diván del Mundo. La idea le vino a su productor viendo el entusiasmo provocado, después de una manifestación de estudiantes, por el destape espontáneo de una «modelo» artística un tanto ebria...

3. Rita Renoir

Hacia 1950, con el sobrenombre de la «tragicómica del estriptis», fue una de las primeras vedetes del Crazy Horse. Afirmaba que para ella un buen estriptis era como un verdadero «acto sexual» con el público. Pronto hizo carrera en el cine, tanto con marginales como con Antonioni.

4. Rita Cadillac

La rubia Nicole Yasterbelsky (1936-1995), llamada Rita, hizo carrera en la canción con *Ne comptez pas sur moi pour me mettre toute nue* (No contéis conmigo para desnudarme), y en el cine en una serie de películas policiacas, como *Mélodie en sous-sol* (Melodia bajo tierra). En el Crazy Horse Saloon, inventa el estilo «sofisticado» que fue la marca de la casa. Su truco: los guantes de tul negro, y su forma de desatarse lentamente su corsé de satén blanco.

5. Bertha Von Paraboum

En los años sesenta, sorprendió al público francés con un espectáculo donde se mostraba con botas de cuero negro, encasquetada en un casco nazi y deambulando por el escenario al son de marchas militares. Y al final, una esvástica haciéndole de último taparrabos.

6. Nico

La maniquí Nico (1938-1988), inspiración de Andy Warhol, cantante acompañante del Velvet Underground, interpretó el papel de una estríper en una mala película francesa (*Strip-tease* de Jacques Poitrenaud en 1963) donde las otras vedetes eran ¡Dany Savall (madame Drucker) y Dary Cowl! Nico deambulaba por el escenario imitando el movimiento de un caballito de tiovivo, acabando siempre sus desnudos escondiendo uno de sus pezones con la punta de sus dedos.

7. Gipsy Rose Lee

Nacida en 1911, de madre también estríper, su carrera fue hasta tal punto extraordinaria que se le dedicó una comedia musical en Broadway, después de dos películas. Su truco: hablar mientras se desvestía, improvisando diálogos absurdos y atrevidos con el público. Esto duró treinta años, sin que nunca se llegara a mostrar totalmente desnuda. Es la autora de una novela policiaca, *Mort aux femmes nues* (Muerte a las mujeres desnudas), adaptada al francés por Léo Malet.

8. Car

Esta californiana, vedete de los cabarets del barrio de North Beach de San Francisco hacia 1960-1965, fue célebre por haber sido una de las primeras artistas en caer en manos de la cirugía estética para conseguir una talla XXX de pecho. Por otro lado, ¡puso sus ventajas por delante a partir de una campaña publicitaria para una marca de leche!

9. Sophie Calle

La fotógrafa y escritora Sophie Calle, nacida en París en 1953, protagonizó una acción nada corriente a principios de los ochenta: con una peluca rubia, se desnudaba todas las noches en una barraca de feria de la Foire d'Anvers en Pigale, fotografiada por una de sus amigas... El estriptis se había convertido en una acción artística.

10. Dita von Teese

La ex mujer del cantante Marilyn Manson, nacida en 1972, ha tomado por cuenta propia todos los códigos de estríper «burlesca», especialmente con los pequeños perendengues colgantes en la punta de los pezones. Ha adaptado un clásico del destape al gusto contemporáneo: la estríper en una bañera transparente llena de espuma.

10 **reinas europeas** y sus relaciones íntimas

Ciertas reinas europeas fueron tan conocidas por sus actividades eróticas como por sus acciones políticas al servicio de sus más humildes súbditos. Son las protagonistas de crónicas escandalosas de la Historia de Europa.

1. Catalina de Médicis

En época de los últimos Valois, además de fumar como una loca, gustaba de embadurnar con tabaco, previamente mascado, el miembro viril de sus amantes antes de que la penetraran. Es sabido que el picorcillo que eso le provocaba aumentaba su placer. Y además se creía que así, las mujeres no quedaban embarazadas.

2. Isabel la Católica

Nunca se han aclarado sus relaciones con Cristóbal Colón. Pero parece que las desavenencias en su matrimono se debieron en gran medida al navegante. En alguno de sus despachos con la reina, este mostró a la muy católica señora cómo era utilizado el rollo de tabaco en el Caribe, y se cuenta que ella al ponérselo allí mismo, encendido y todo, pasó de los gemidos de placer a los gritos de dolor cuando comenzaron a quemársele algo más que los pelitos.

3. Catalina la Grande

Emperatriz rusa (1762-1796). Princesa alemana que se casó con el zar Pedro III, al que depuso mediante un golpe de la guardia de palacio y al que posiblemente mandó asesinar. ¿Qué recomendaba la emperatriz Catalina la Grande, como medida higiénica en *Memorias de una princesa rusa*? ¡Seis actos sexuales diarios! Los integrantes de su guardia eran sometidos previamente a un examen médico y a otro examen de «funcionamiento» a cargo de sus ayudantes imperiales la condesa Burce y Madame Protas o Protassoy.

4. Victoria de Inglaterra (1819-1901). No tenía ni idea de que pudiera existir el lesbianismo y cuando le presentaron una ley que castigaba la homosexualidad tachó todo lo relativo a la conducta femenina, con lo que sólo la homosexualidad masculina pasó a ser un delito en Gran Bretaña.

5. Isabel I de Inglaterra
El estado civil de Isabel fue objeto de preocupación política, porque no había herederos ingleses al trono. Ella siempre alegó su intención de permanecer soltera. Su declaración no le impidió jugar con la idea del matrimonio y tuvo pretendientes monárquicos, a los que ella entregaba su favor sólo cuando le interesaba políticamente. Sin embargo, otorgó su afecto a una sucesión de favoritos, entre los que destacan Robert Dudley, primer conde de Leicester, sir Walter Raleigh y Robert Devereux, segundo conde de Essex.

6. Blanca de Evreux
Nacida en 1333, hija de Juana II reina de Navarra, se esposó con el rey Felipe VI de Valois, rey de Francia de 1328 a 1350. El rey era viudo, ella tenía cuarenta años menos que él y pasaba por ser una de las mujeres más bellas de su tiempo. La leyenda atrevida afirma que el rey se habría muerto de agotamiento amoroso tan sólo un año después de su unión. Dio a luz a una niña, Juana, llamada también Blanca. La reina viuda se retiró y se negó a una segunda boda con Alfonso XI de Castilla.

7. Isabel de Baviera
Nacida en 1371, fue la esposa del rey Carlos VI, el Bienamado.
Su marido naufragó en la locura, lo que la convirtió en regente del reino. Tomó por amante a Luis de Orleans, el propio hermano de su marido, pero este fue asesinado en la calle Vieille-du-Temple.

8. Doña Leonor de Guzmán
Fue una reina de facto con mucho poder frente a la ausente reina legítima, María de Portugal. Siendo la favorita del rey Alfonso XI, tuvieron una relación amorosa extramatrimonial que duró más de veinte años de la que nacieron diez hijos. Llamada «la Guzmán», de su relación con el rey se dijo que «fueron veintitrés años de amores escandalosos, impetuosos y hasta admitidos por las Cortes extranjeras...».

9. Ana de Austria

Nacida en 1601, infanta de España, fue la esposa del rey Luis XIII. Aunque tenían 14 años, el día de su boda los dos esposos consumaron inmediatamente su unión. Fue tal su inexperiencia que el rey consideró esa noche funesta como una experiencia «humillante».

Largo tiempo más tarde, la reina fue sospechosa de tener relaciones con Georges Villiers de Buckingham, una aventura que Alexandre Dumas trató en *Los tres mosqueteros*.

10. María Antonieta de Austria

Nacida en 1755 en Viena, fue la esposa de Luis XVI. Sin lugar a dudas no tuvo sólo un amante, el joven Fersen ¡entre otros! Pero es la reina a la que se le adjudican las mayores aventuras eróticas, sórdidas o prestigiosas, pero siempre delirantes. Se la acusó de ser la amante de su cuñado el conde de Artois o de tener por amante a la condesa de Polignac.

10 maneras divertidas de **acariciar un pecho**

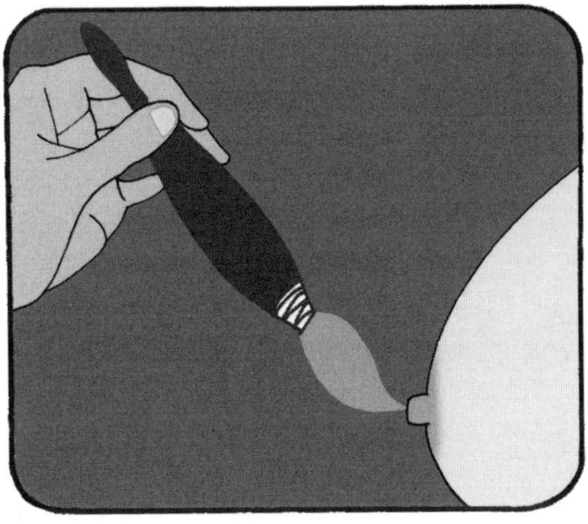

El pecho femenino, su aureola delicadamente coloreada, el pezón erecto a la primera caricia... Te echamos una mano para entender este delicado terreno.

1. Con la punta de los dedos

Un dedo húmedo que va rozando la mama, es lo clásico y eficaz... La caricia empieza por la piel satinada del pecho, recorriendo los contornos, acercándose a la aureola que describe un círculo perfecto, pasando luego a frotar el pezón que en este punto debe ya despuntar...

2. La rama de lilas

Es una caricia olvidada, apreciada por los libertinos del siglo de las luces, el amante despunta el pezón de su amiga con un batir de pestañas procurándole las mismas sensaciones que el contacto con una rama de lilas.

3. Con la palma de la mano

La palma juega sobre el pezón erecto, excitándolo más o menos pero sin entrar en contacto con el propio seno. ¡Exasperante!

4. Los pezones pellizcados

Entre el pulgar y el índice el bonito pezón quizás aceptará ser pellizcado, un poco, no demasiado fuerte... al principio. La sensación podrá prolongarse con el uso de pinzas especiales para el uso.

5. Con la lengua

Ella sola se basta. Lame, excita, envuelve el pezón erguido de un regalo húmedo...

6. Labios y dientes

Los labios serán dulces, envolventes, los dientes no los sustituirán hasta que el pezón esté preparado para aceptar su delicado mordisco.

7. Bajo los vestidos...

No se deben descuidar las caricias sobre un pecho todavía cubierto, el roce de los tejidos sobre la piel formará parte del placer.

8. El masaje de los globos

Nada parecido a coger con las dos manos los dos pechos, por delante o por detrás, para moldearlos, con dulzura, claro.

9. Con un cubito de hielo

Acariciar un pecho con un cubito de hielo. Una vez pasada la sorpresa, tu amiga sabrá agradecerlo...

10. Un fular

El tejido suave acariciará el seno y erguirá el pezón después de un largo recorrido excitante sobre el resto del cuerpo de la mujer en todo su esplendor...

10 bonitas formas de depilar el **monte de Venus**

La depilación «íntima» se ha convertido en costumbre, popularizada por el imaginario erótico, alentada por el nudismo en las playas, facilitada por la aparición de nuevas técnicas estéticas indoloras. No es más que un justo retorno de las cosas. Las romanas en los baños públicos, las mujeres de la Edad Media en los baños turcos, las nobles de la corte de Luis XVI... nuestros ancestros ya practicaban la depilación íntima. ¿Qué forma darías a tu pequeña frondosidad púbica?

1. Depilación total
El sexo desnudo: pubis, labios, ano... Espectáculo totalmente impúdico de una vulva desnuda y ofrecida...

2. Braga brasileña
Las brasileñas son conocidas por la medida microscópica de su bikini. La depilación a la brasileña tiene la forma de un triángulo afilado, por contra se mantienen los pelillos que bordean los labios.

3. A la americana

El pubis cubierto todavía por una pelusilla triangular, en cambio, labios y ano cuidadosamente depilados.

4. Esculpido

Las crines de los raperos te pueden adelantar lo que un maestro del *tunning* capilar puede diseñar sobre tu pubis: dibujos, ondulaciones...

5. Asimétrico

Al estilo Cruella Devil, tu cabellera será asimétrica, mitad velluda, mitad rasurada, mitad blanca, mitad morena... Brantôme (1540-1614), en su obra *La Vie des dames galantes* (La vida de las damas galantes) cuenta cómo una mujer se presenta un día delante de su marido depilada parcialmente para hacerle notar que no le da suficiente dinero para cubrir sus necesidades.

6. Coloreado

El uso de tintes requiere un trato prudente, las mucosas vaginales son frágiles. Pero qué bella sorpresa: felpudo rosa en San Valentín, pelos con el color de su equipo (cuando haya que celebrar algo, claro), color dorado en Navidad, naranja de los setenta o rojo descarado...

7. Corazón

El corte en forma de corazón permitirá agradar en cualquier circunstancia. «Aquí tienes mi corazón que sólo late por ti...», dirás con un guiño de ojos.

8. Billete de metro

Un pubis velludo, rectangular, frondoso, bien cortado, como un seto de jardín a la francesa.

9. Línia vertical

Justo una tira de pelos, como un trazo de carboncillo vertical prolongando el dibujo de tu sexo...

10. Velludo

Conservar una frondosidad «natural» en la actualidad es casi una originalidad. Sólo le faltan adeptos.

10 **fases de la felación** según el Kama Sutra

Quién no conoce el Kama Sutra, texto sagrado y tratado hindú del arte de amar, recensión de todas las posturas amorosas. Aún está por descubrir lo que se esconde detrás de su literatura. A modo de pregón de los misterios del sánscrito, escogemos al azar la traducción de algunos ejercicios para la práctica de una buena felación por etapas.

1. El señor exhibe un lingam de buena talla
La señora, en el Kama Sutra denominada con el extraño nombre de la interventora, se lo adueña.

2. La unión nominal
La interventora, sosteniendo en su mano el lingam de su compañero, se lo pone entre sus labios y lo frota.

3. La mordedura lateral
La interventora cubre la extremidad susodicha del

lingam con sus dedos en redonda, ejerciendo presiones laterales con labios y dientes...

4. La presión exterior
La interventora presiona la extremidad del lingam entre sus labios apretados y succiona suavemente.

5. La presión interior
La interventora introduce el lingam en el interior de su boca, lo presiona, se lo saca y lo atrapa de nuevo.

6. El beso
La interventora coge el lingam en su mano y lo cubre de besos como si abrazara su propio labio inferior.

7. El pulido
La interventora lame el lingam, especialmente la punta.

8. La succión del mango
La interventora mete hasta la mitad el lingam en su boca y lo chupa.

9. La absorción
La interventora se hunde el lingam hasta la raíz en la boca y hace como si se lo quisiera tragar.

10. ¡Basta! Basta ya de habladurías y de posturas orientales, el señor va a gozar...

10 **novelas pornográficas** clásicas y divertidas

¿Imposible dormir sin antes haber leído algunas páginas de una buena novela? Vale, pero te sugerimos descubrir, a riesgo de engancharte hasta tal punto que quieras leerlo a dúo entre las sábanas...

1. Fanny Hill, de John Cleland (1748).
Uno de los clásicos más célebres de la literatura libertina: «...mi pecho ya desnudo y palpitando entre cálidos latidos, ofrecía a su vista y a su tacto las curvas tersas y firmes de un par de senos juveniles, como imaginar se pueda en una muchacha que aún no ha cumplido los dieciséis, recién llegada del campo y jamás rozada siquiera...».

2. Las amistades peligrosas, de Choderlos de Laclos (1782).
Narra el duelo perverso y libertino de dos miembros de la nobleza francesa a finales del siglo XVIII. Fue publicada por primera vez traducida al castellano y editada en París en 1822. «...Alégrese vuestra merced conmigo, mi bella amiga; soy amado, he sometido a un corazón rebelde. En vano disimula, mi feliz astucia ha arrancado su secreto: gracias a mi actividad sé ya cuanto me interesa...».

3. Historia del ojo, de Georges Bataille (1928).
Es una narración profundamente erótica excelente para un fin de semana. «Yo me frotaba la verga, agitándome en el suelo. Gozamos al mismo tiempo, sin habernos tocado el uno al otro. Sin embargo, cuando entró su madre, me senté en un sillón bajo y aproveché un momento en que la joven se acurrucó en los brazos maternos: levanté sin ser visto el delantal, pasando una mano entre sus cálidos muslos.»

4. El amante de lady Chatterley, de David Herbert Lawrence (1928).
Cuenta la historia de una joven de la alta burguesía y educada en un ambiente liberal. A los 23 años se casa con un aristócrata rico que de una herida de guerra debe renunciar a la vida sexual, a la que siempre despreció. Este no es el caso de Connie, la protagonista, que se siente frustrada. Connie encuentra un camino de salvación en el guardabosques de las tierras de su marido, sano, fuerte, cuyas apetencias satisface sin escrúpulos de conciencia y gracias a ello Connie descubre el placer del sexo liberándose de los tabúes que la hacían infeliz. El amor erótico de pareja es contado de forma detallada, y aunque hoy no lo consideraríamos pornografía, en su momento causó gran escándalo.

5. El sultán de Recoletos, de Joaquín Belda (1923).
Novela corta que cuenta la triste vida de una joven vasca, Chichita Aranguren, que abandona a los catorce años su ciudad natal de Bilbao para ir a prostituirse a Madrid. Allí se encuentra un día con un hombre, Paco Zambrana, que decide retirarla del oficio y encerrarla en una torre de marfil para evitar que reemprenda sus actividades profesionales; pero eso disgusta a la chica, que se ha aficionado al libertinaje. Una historia dramática que Belda narra en tono ligero y con humor.

6. Historia de O, de Pauline Réage (1954).
La autora la escribió para conquistar más a su amante, Jean Paulhan, y es considerada una de las obras cumbres de la literatura BDSM (Bondage, Dominación, Sumisión y Sadomasoquismo) contemporánea. «Entonces el joven no dijo nada más. La acarició tan largamente en los labios de la hendidura de la vulva que O empezó a jadear hasta perder el aliento. Después de haberse hundido en ella, el joven cambió la vulva por el ano, pronunciando en voz muy baja: "O". Ella sintió que se cerraba en torno de aquella estaca de carne que la empalaba y la hacía arder.»

7. Las edades de Lulú, de Almudena Grandes (1989).
Ganó el XI Premio La Sonrisa Vertical y fue llevada al cine por Bigas Luna al siguiente año de la concesión del premio.

Con un alto contenido erótico, las escenas de sexo son explícitas, detalladas y recurrentes a lo largo de la obra: sexo de pareja, tríos, travestis y orgías. Después de su primera experiencia sexual, Lulú alimenta durante años fantasías sobre un profesor amigo de su hermano con el que vivirá un mundo de experimentación, fantasía y acuerdos privados hasta que esta decida buscar nuevas experiencias fuera de ese entorno.

8. Ligeros libertinajes sabáticos, de Mercedes Abad (Premio La Sonrisa Vertical,1986).
Una serie de historias de gran imaginación, llenas de sugerente deseo en el más carnal de los sentidos para satisfacer tanto al lector erotómano como al que se inicia en la literatura erótica. «Golpeo violentamente con mi pie descalzo sus genitales y los aplasto con fuerza.»

9. Justine o los infortunios de la virtud, del Marqués de Sade (1791).
Él mismo dijo: «Yo no me dirijo más que a gentes capaces de entenderme, y ellos me leerán sin peligro». Mientras que Juliette, inclinada naturalmente al vicio, decide prostituirse, la buena de Justine se empeña en querer llevar una vida virtuosa y va pasando por las manos de varios libertinos que la usan para sus extrañas fantasías y a duras penas logra salvar la vida. «...El tercero me hizo subir a dos sillas alejadas, y sentándose debajo, excitado por la Dubois colocada entre sus piernas, me obligó a agacharme hasta que su boca quedara perpendicular al templo de la naturaleza.»

10. Delta de Venus, de Anaïs Nin (1978).
Esta obra convirtió a su autora en la primera mujer que publicó relatos eróticos, en ella se percibe una gran influencia del Kamasutra. «Mathilde yacía desnuda en el suelo. Todos los movimientos eran lentos. Tres de los cuatro jóvenes estaban echados entre los almohadones. Perezosamente, un dedo buscaba el sexo de la muchacha, penetraba en él y allí permanecía, entre los labios de la vulva, sin moverse.»

10 pequeños detalles que los **mangas eróticos** nos enseñan del sexo femenino

Los mangas eróticos están llenos de enseñanzas... sobre las chicas, su sexualidad, sus gustos... La serie *Yura y Makoto*, del dibujante Katsu Aki, cuenta la vida sentimental y sexual de una joven pareja inexperta, Makoto y Yura. Por suerte para nosotros, están rodeados de amigos, y sobretodo de jóvenes muchachas, mucho más entendidas, que se encargan de instruirlos. En Japón se han vendido casi 14 millones de ejemplares. ¿Qué aprendemos con ellos? Que en Japón...

1. Alrededor del 30 % de las mujeres afirman no haber sentido jamás un orgasmo.

2. Las posiciones preferidas de las mujeres (japonesas) serían en este orden el misionero, la perrita, la Andrómaca, la amazona...

3. Las mujeres rubias tendrían hasta tres veces menos pelos que las morenas (japonesas), cuyos pubis serían, según el caso, en forma de triángulo, de rombo, de rectángulo o de óvalo.

4. A la pregunta «¿Os gusta el sexo?», las mujeres (japonesas) responden «a medias» un 46,3 %, «no mucho» un 8,4 %, «algún día» un 11,4 %, y por suerte «mucho» un 33,9 %.

5. La forma interior del sexo femenino (de las japonesas) sería de cuatro tipos diferentes: en forma de depósito, oblongo, ajustado en la base, irregular... «Se dice que las chicas más agradables tienen en general una pared muy irregular.»

6. ¿Qué hacen las mujeres (japonesas) para dar placer a los hombres? En este orden: felación, pequeños gritos, simulación, mentir, estrangulación (¡sí!), masturbación, tragarse el esperma...

7. Según los japoneses, los «buenos asuntos» de cama se reconocen por un detalle, el ángulo que dibujan sus nalgas con sus muslos. ¿Cuál? ¡60°!

8. La actividad hormonal masculina que estimula el deseo sexual es más fuerte por la mañana mientras que entre las mujeres la actividad ovariana es más fuerte por la tarde... ¿Y aquí? ¡Igual!

9. ¿Cómo compensar la ausencia de sexo en el seno de una pareja después de un sondeo acerca de los japoneses? Pues bien, masturbación, deporte, adulterio, trabajo, salir entre amigos...

10. Una de las principales causas de los gatillazos entre los hombres (japoneses) lo provocarían las largas «sentadas» en la oficina, comprimiendo los testículos. ¡En fin, trabajan demasiado!

10 maneras de **atizar a tu amante**

«El azote es una de las prácticas sexuales más viejas y extendidas», afirma Italo Baccardi, autor de una guía muy documentada sobre dicha cuestión, *Osez la fessée* (La Musardine, 2005). Pero ¿cómo proceder? ¿Pegar con la palma de la mano o con un accesorio, y en qué posición?

1. Sobre vuestras rodillas
Es el azote clásico, el que habrían recibido tus hijos si este castigo no fuera ilícito ahora.

2. De pie
Tu compañero podría estar encadenado, de cara a la pared...

3. Con un *paddle*
Un instrumento extraño, consistente en una gruesa tira de cuero que al golpear contra las nalgas provoca un ruido seco.

4. Bend Over
Tu víctima está en pie, muy inclinada, la azotas con unos buenos golpes de bastón. Es la posición favorita de los ilustradores de novelas de flagelación, dando importancia a las nalgas de la víctima y a su enrogecimiento progresivo.

5. Atado, encadenado...
Por si no hubiera suficiente, la victima, consintiéndolo, claro está, podría estar atada.

6. De rodillas...
Sobre un cojín rodillero, claro, con las nalgas expuestas a la mano vengativa.

7. Posternado
A lo perrita, la víctima espera a cuatro patas encima de la cama a que se disponga de ella.

8. Por detrás
Piernas hacia arriba, la víctima expone su trasero a la paliza.

9. Bajo el brazo
Has atrapado a la pobre víctima bajo el brazo y la azotas con vigor.

10. Sodomizándolo
Una buena paliza sobre las nalgas de tu hombre completará una sodomía practicada con un dildo o un cinturón fálico.

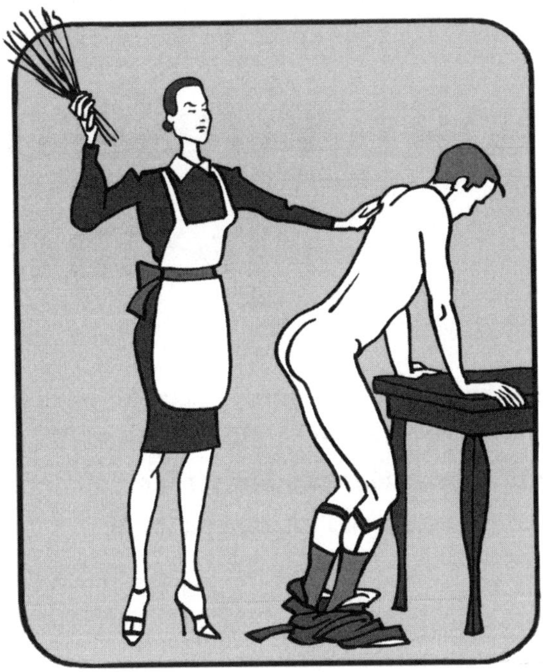

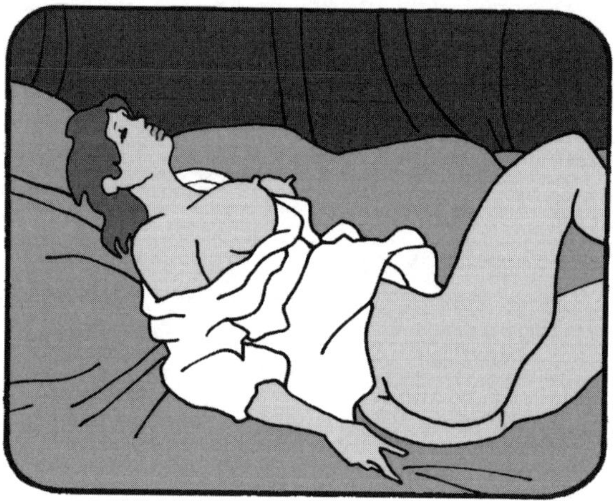

10 motivos para **amar vuestros pechos**

Son los más bellos ornamentos. Señora, haced un inventario de las buenas razones para amar vuestros pechos. Y usted, señor, pruebe a adivinar cuáles pueden ser y en qué orden, esas razones que hacen que ella los quiera tanto.

1. Os preceden y os anuncian
Los senos son vuestra antesala, el «balcón» donde están muchos, vuestra cartelera publicitaria...

2. Mostrarlos en público es un signo de independencia y libertad
Incluso hoy, para crear un escándalo, o simplemente hacerse ver, a una mujer le basta enseñar sus senos en un lugar o en unas circunstancias que no sean las habituales.

3. Permitiendo acariciarlos dais la señal para el inicio de la intimidad
Siempre hay un inicio, darse la mano, besarse en la mejilla o en la boca... Pero ofrecer los pechos a la caricia de un hombre constituye la primera puerta abierta a la intimidad.

4. Acariciar las mamas puede prevenir algunos cánceres
La estimulación de las zonas erógenas de los pezones segrega una hormona, la ocytosina, que disminuye los riesgos del cáncer de mama.

5. Fáciles de resaltar
Con nada se los alhaja, una camiseta mojada, satén, seda, o simplemente sin nada de eso, un poco de sudor, arena pegada, un bronceado...

6. Vuestro amante sueña con verlos desnudos
Por lo que los podéis utilizar como moneda de cambio para obtener lo que queráis, una sonrisa, un beso, una caricia...

7. Es una de vuestras zonas erógenas más sensibles
En ocasiones sólo es necesario rozarlos para provocar un orgasmo. Vuestras orejas o vuestros dedos del pie no pueden decir tanto.

8. Podéis modificarles la talla
Con el milagro de la cirugía estética o con el simple recurso de un corpiño y he aquí a una mujer nueva, más sexy, más provocativa... Vuestras orejas y vuestros dedos del pie no siempre dan la talla.

9. Son tan bellos que cuando están desnudos podrían hacer pasar desapercibidas otras imperfecciones
Una mujer desnuda puede permitirse el lujo de no ser perfecta cuando tiene unos bellos pechos. Así es, cuando están desnudos no se ve nada más.

10. Son sensibles
Sensibles a las caricias, a los piropos, a las críticas, casi tienen vuestro mismo carácter...

10 **fetichismos** y **perversiones** complicados de realizar

Ya no sabes cómo distraerte... quedan los fetichismos, los placeres complicados. Pero esto requiere mucha imaginación, material, tiempo libre...

1. Bebé
Gracias a los conjuntos de bebé con vestidos y complementos vendidos en los *sex shops*, puedes transformar a tu amante de 35 años en un encantador bebito con pañales con quien vas a hacer mimitos.

2. Las mujeres perrita, los hombres caballo
Tu compañero es un animal y lo tratas como tal, lavándolo, suelto o atado, y eso le gusta.

3. Lluvia dorada
La lluvia dorada, la orina que se derrama sobre el ser amado. En inglés se llama «water sport»...

4. Bondage
La mujer está embutida como una encantadora salchicha. Es un arte que consiste en transformar a tu amiga en escultura viviente. No lo practiques hasta no haber seguido las enseñanzas de los grandes

maestros del género, Axterdam, autor de *Atrévete con el bondage*, o el fotógrafo Araki.

5. Castigos corporales
Flagelación, azotes, lo que antes se llamaba el «vicio inglés».

6. Cross dressing
La mujer se viste de hombre y el hombre de mujer, para pasearse, vivir, hacer el amor...

7. Rasurado
Depilarse está bien, depilarse mutuamente durante interminables rituales un poco humillantes, consistentes en un simple aperitivo de las atenciones que seguirán, es mejor...

8. Dogging
Hacer el amor en un coche con las ventanas cerradas pero con la certeza de ser observados por los transeúntes. Estos se aglutinarán alrededor del vehículo y puede que se masturben hasta eyacular encima de las lunas del coche.

9. Bajo ella
La mujer se sienta sobre la cara del hombre, sin preocuparse por su capacidad de respirar libremente. El hombre se embriaga de los olores y secreciones de la mujer.

10. Lavativa
El uso de la lavativa y de lavatorios puede llegar a ser erótico por poco que se produzcan dentro de un ritual.

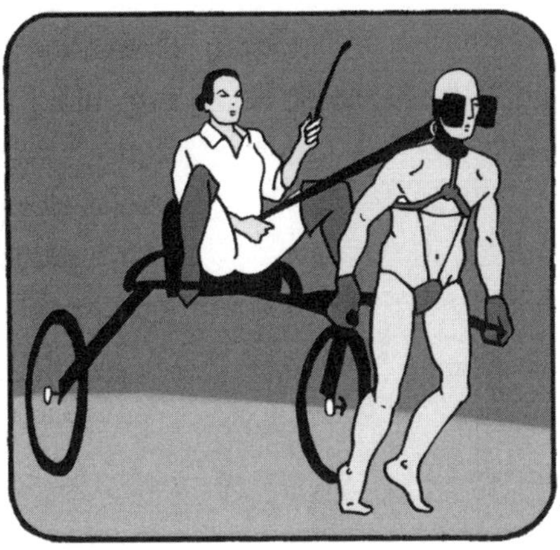

10 **juguetes sexuales** para utilizar divirtiéndose

Desde que empezó el año 2000, los *sextoys* o juguetes sexuales han abandonado las estanterías de los *sex shops* para invadir las páginas de las revistas femeninas, las tiendas de moda y los episodios de las series televisivas... Adiós a los consoladores de plástico «realistas», se terminaron los vibradores tan rectos que parecen salir de la sección de electrodomésticos, y bienvenidos los juguetes eróticos del siglo XXI. ¿Qué has traído hoy del mercado?

1. Un vibrador
Ya no es forzosamente cilíndrico y aguzado como un sexo masculino en pequeño. Toma la forma de tu vulva, chica, pues principalmente está destinado a vibrar sobre tu clítoris. Otros objetos con formas más fálicas están curvados, se denominan «especial Punto G» pues es estimulándolo que te hará llegar al orgasmo.

2. Un anillo elástico
Los hay de muchos materiales, pero el principio es siempre más o menos el mismo, se trata de un anillo elástico que el hombre desliza en la base de su sexo erecto, con pelos, antes con verdaderos pelos de cierva, o con unos relieves en plástico que estimulan el clítoris de la amante durante la penetración.

3. Un pato
Es el amigo fiel de las jóvenes muchachas mientras toman un baño. Un vibrador de plástico, sumergible, que tiene la forma banal y sorprendente de un juguete. El «Ducky», vendido incluso en perfumerías, ha pasado a ser el más conocido de los juguetes que vibran.

4. Un doble dildo

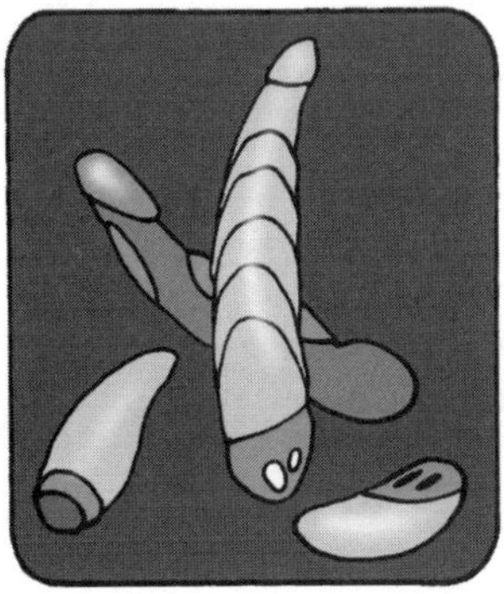

Se trata de un objeto cilíndrico de plástico blando que reproduce en sus dos extremidades la forma de un sexo masculino erecto. En una pareja lesbiana, las dos muchachas se encuentran unidas por este doble sexo, también se puede utilizar en una pareja heterosexual. Una chica también lo puede utilizar para una doble penetración...

5. Una mariposa

Es un vibrador plano, aplastado contra vuestra vulva, con la forma de una mariposa. Puede llevarse permanentemente gracias a un pequeño arnés y batir sus alas sin parar.

6. Un rosario

Este rosario compuesto de bolas de diferentes tamaños de desliza en el ano y es cuando se retira que procura unas vivas sensaciones, cada bola confiere un placer diferente según su diámetro.

7. Un plug

El plug se introduce en el ano del mismo modo. Provisto de una base sólida, no peligra que se vaya y se pierda sin retorno. Se utiliza para preparar a quien lo lleva para los tesoros de la sodomía.

8. Un cockring

Este anillo de cuero se lleva en la base del sexo. Juega una doble función: comprimiendo el sexo permite «consolidar» su erección y prolongarla; al mismo tiempo asegura unas extrañas sensaciones a la chica penetrada, ya que el objeto, muchas veces revestido de ribetes o cadenitas, va a parar sobre su clítoris.

9. Un conejo

Las protagonistas de la serie *Sexo en Nueva York* han dado fama mundial a este curioso objeto que se compone de un vibrador con un anillo rotatorio cubierto de bolas en su base con un pequeño apéndice vibrante, en forma de orejas de conejo, destinado a hacer vibrar el clítoris de quien lo utiliza.

10. Hombre o mujer

¿Y por qué no ofrecerse a uno mismo como juguete erótico de vuestra o vuestro amante y que os utilice, con vuestro consentimiento, como objeto de masturbación?

10 **actrices sexis** del cine pornográfico español

Uno dice no conocerlas, a otro le suben los colores con el mero hecho de insinuarse que haya podido ver alguna peli del género... Sin embargo la carrera de estas actrices del porno ya forma parte de la cultura «de base» de un cinéfilo.

1. Sonia Baby. (Elche, 1981).
Su popularidad le llegó sobre todo por sus apariciones en diversos medios de comunicación y por sus acrobacias vaginales. Su récord es introducirse y extraer 30 metros de cadena de perlas de su vagina. Su otra especialidad: los espectáculos en vivo.

2. Celia Blanco. (Madrid 1977).
Se hizo popular a raíz de su paso por el programa de televisión *Crónicas marcianas* y es coautora del libro *Secretos de una pornostar*. Rodó escenas X para un espectáculo teatral de La Fura dels Baus.

3. María Bianco. (Madrid, 1957).
Una de las actrices más veteranas del porno en España, premiada por su dedicación y trayectoria. *Vivir follando* y *Perras callejeras* son algunos de sus rodajes más conocidos. Actualmente se dedica a la producción ejecutiva.

4. Lesly Kiss. (Barcelona, 1981).
De pescadera a actriz de cine X. Esta estrella emergente se define a sí misma como «currante del porno» y es que para ella es como cualquier otro trabajo para llegar a fin de mes. Se la ve diariamente en espectáculos en vivo en la famosa sala Bagdad.

5. Zuleidy Lapiedra. (Santa Cruz de Tenerife, 1987).
Una nueva y joven «lolita» del porno, de aspecto adolescente. Además de su intervención en cine X, se ha especializado en páginas web dedicadas al género «teen», donde su nombre artístico es «Little Lupe».

6. Dunia Montenegro. (Rio de Janeiro, 1977).
Esta brasileña afincada en España empezó como estríper en 2004. Debutó en el porno con la película *Sexstyle* y no tardaría en rodar para Rocco Siffredi. Ha sido galardonada con varios premios en diversos festivales eróticos. Se confiesa abiertamente bisexual. Ha sido la cazatalentos de Gigi Love de quien dice «...no me podía creer que no le importara desnudarse y que le comiera el coño».

7. Anastasia Mayo. (Hospitalet de Llobregat, 1980).
Se dice de ella que es la actriz porno española con el mejor trasero, y de hecho en algunas películas incluye escenas de sexo anal. Destaca entre sus films la parodia *Austine powders*. Sus fans pueden leer su autobiografía en *Los placeres de Anastasia*.

8. Salma de Nora. (Madrid, 1979).
Ha trabajado en Holanda, Suiza, Bélgica, y sobre todo en Alemania. En este país y también en España ha participado en programas de televisión y ha sido doble de cuerpo en la película *Te presto a mi marido*. Sus medidas: 90-65-90 centímetros, y ¡sin retoques de quirófano!

9. Bibian Norai. (Amposta, 1967).
Prolífica actriz que acumula más de 110 títulos. Después de retirarse trabajó como portavoz de los festivales eróticos de Barcelona, Méjico y Lisboa. Obtuvo un premio en 2004 a la mejor directora de cine X en el Festival Internacional de Cine Erótico de Barcelona.

10. María de Sánchez. (Barcelona, 1969).
Antes de dedicarse al porno fue campeona de karate de Cataluña. Su aparición en el programa de televisión *Esta noche cruzamos el Mississipí*, de Pepe Navarro, le dio popularidad. Ha participado en las películas de mayor éxito del porno rodado en España.

mucho

10 posiciones amenas para **hacer el amor** con más de dos

Evidentemente nunca lo has soñado, ya se sabe, jamás. El sexo en multitud no es más que un asunto de moral, pero muchas veces simplemente es cuestión de circunstancias. Si alguna vez te encuentras en este tipo de situación, es mejor tener algunas nociones elementales a no saber dónde meterte...

1. En posición estirada, el 69 +

Una chica gatea un poco y se pone en posición de 69 sobre el rostro del chico, mientras que la otra se arrodilla entre las piernas del feliz elegido al tiempo que lo chupa.

2. Las dos jinetes

Estirado de espaldas, el chico lame y acaricia el sexo de una chica que está sentada justo sobre su cara, mientras una segunda chica le hace el amor cabalgándolo. Ahogado y aplastado, el hombre de la situación está en éxtasis...

3. El candelabro

El chico está de rodillas, con los muslos abiertos para conseguir una mayor estabilidad. La más pequeña de las muchachas se empala sobre el sexo del chico quedando así enlazados. Mientras, la segunda chica se queda de pie ofreciendo su sexo a los besos del joven y sus nalgas a las caricias de su compañera.

4. El columpio indio

El sexólogo Yves Ferroul describe esta posición, encontrada en algunos bajorelieves indios: «Dos hombres en pie cara a cara sostienen a una chica entre ellos. Esta, con el vientre hacia arriba y con la espalda hacia el suelo, tiene las piernas sobre los hombros de uno, que la sostiene por las nalgas de manera que su vulva se encuentra contra su verga; ella apoya sus hombros contra el pecho del otro hombre que está a su espalda y le acaricia el vientre y los senos mientras ella le acaricia la verga».

5. La perrita y la felación

Es un clásico, la mujer arrodillada está tomada a lo perrita por el hombre mientras ella succiona a otro hombre... Las variantes hacen referencia a la posición de este último. Puede estar de pie, de rodillas...

6. La doble penetración en amazona

Un chico estirado en el suelo, una chica lo cabalga y se deja explorar la vagina, mientras que otro furtivo se desliza detrás suyo y la socratiza, es la posición más común en las películas pornográficas.

7. El 1691

Las dos chicas están en posición de 69, una encima de la otra, o de lado. Cada uno de los chicos se pone entre los muslos de su compañera quedando «de frente» a la cara de la otra chica. Esta chica puede guiarlo hacia los orificios de su compañera o lamer todo lo que pase a sus puertas.

8. Hacer la cadena

Felaciones y cunnilingus pueden ser los eslabones de una cadena humana uniendo a los cuatro amantes... Adán está de pie, Eva, delante de él a cuatro patas lo chupa, al mismo tiempo, Cristóbal, estirado de espaldas entre las piernas de Eva, la degusta, mientras Daniela devora a Cristóbal o se dispone a hacerle el amor colocándose sobre su sexo. De locura.

9. El doble loto

Los chicos están sentados espalda por espalda, las chicas los cabalgan dándose la cara. No se dedican solamente a los hombres y también se besan y se acarician los pechos por encima de ellos cuando se presenta la ocasión...

10. El balancín

Demasiados chicos no son necesariamente una molestia, bastará utilizarlos como accesorios. Dos chicos os cogen en brazos mientras un tercero os hace el amor.

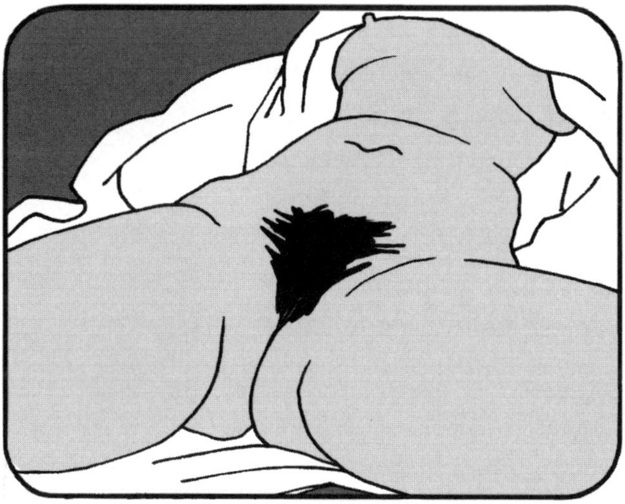

10 **personajes masculinos** especialmente contentos con la calidad de su erección

Si el tamaño del pene es un tema que la mayoría de los hombres temen, otros nunca han temido enrojecer por lo que la naturaleza les ha dado. Pero es inútil tener complejos pues es bien sabido que el tamaño no es la principal característica de ese bello órgano...

1. Casanova
Coleccionaba amantes que podían relacionarse de cerca con un sexo del que él mismo nos dio una estimación, dos pulgares menos que el de uno de sus compañeros que pasaba por tener un sexo «monstruoso».

2. El enano Pierral
Jean Cocteau habiéndolo visto desnudo, afirmaba que el actor de tan pequeño tamaño, uno de los «grandes» secundarios del cine popular francés, parecía de este modo una «cafetera».

3. Guy de Maupassant
El novelista tenía una extraña facultad, podía entrar en erección siempre que quería. Apostaba a todas horas y siempre ganaba.

4. Warren Beatty
Habrá tenido unas 2.000 amantes. «Con él», explicaba Joan Collins «lo hacíamos tres o cuatro veces al día y era capaz al mismo tiempo ¡de responder al teléfono!». Otras de sus amantes pregonaron su virilidad siempre triunfante.

5. Marietta
El transexual, protagonista de la película española *20 centímetros* (Ramón Salazar, 2005), prostituta, mujer fatal que adora a Marilyn Monroe, y no obstante, Marietta tiene un sexo de gran calibre entre los muslos, y a sus amantes de todas partes ¡les encanta que lo utilice!

6. Príapo
Divinidad itifálica que las estatuas representan siempre con una erección triunfante. Príapo sólo encontró un competidor en su dominio, ¡un asno!

7. Mike Tyson
Condenado y encarcelado por violación, el boxeador consideró durante un tiempo pasarse al cine X, ya que tendría la facultad de poder «honrar» a sus compañeras una decena de veces consecutivas.

8. Rocco Siffredi
El actor de cine porno italiano se ha fiado no pocas veces de su sexo de 22 cm. Lo ha exhibido en varias centenas de películas.

9. John Holmes
¡Le pusieron el sobrenombre de Sr. 30 centímetros! Este actor de películas pornográficas que murió de sida se llevó su secreto a la tumba. ¿Cómo lo hacía para estar tan bien dotado?

10. Long Dong Silver
Este actor porno triunfó haciendo creer que tenía un sexo de 45 centímetros de largo, hasta que el engaño se descubrió: ¡se trataba de una prótesis!

10 **fantasías masculinas** universalmente compartidas

Chicas, los hombres son transparentes, los sondeos siguen un mismo patrón y se parecen, y su palmarés de fantasías siempre es el mismo... He aquí en qué sueñan los hombres:

1. Hacer el amor en medio de la naturaleza.
2. Ser sodomizados por una mujer con un pene de quita y pon...
3. Tener una relación homosexual, aunque pocos son los que lo reconocen.
4. Hacer el amor con una colega o una vecina.
5. Hacer un *ménage à trois* con dos mujeres.
6. Mirar cómo hacen el amor unos desconocidos.
7. Hacer el amor con una mujer mucho más joven o mucho mayor que ellos.
8. Mirar cómo su pareja hace el amor con otro.
9. Hacer el amor con una perfecta desconocida.
10. Ser dominado por una... dominadora.

10 **estupendas delanteras** de la historia del cine español

Los pechos desnudos en el cine desde los inicios del Séptimo Arte se consideraron como una de las manifestaciones más radicales del erotismo. La lista que proponemos no es exhaustiva, pero ofrece unas buenas vistas.

1. Maribel Verdú

Maribel Verdú ha protagonizado varias películas con alto contenido sexual convirtiéndose en uno de los iconos españoles en esta materia. Rescatando una escena de la película *Carreteras secundarias* (Emilio Martínez Lázaro, 1997), en la que Maribel Verdú le enseña un pecho a Fernando Ramallo y deja que se lo toque... Hay que ver lo sensual que llega a ser esa escena. Algunos dicen que es la actriz española que más bella tiene esta parte de la anatomía femenina. ¿Pensáis lo mismo?

2. Penélope Cruz

Se podría llegar a mostrar le evolución del cine español de los últimos 15 años siguiendo de cerca uno de sus más grandes y bellos símbolos: los pechos de Penélope Cruz. En *Jamón, Jamón* de Bigas Luna tenían sabor a tortilla y... a jamón, claro. Después pasaron a ser bañados con leche en *La niña de tus ojos*, de Fernando Trueba en 1998 y a ser admirados por Eduardo Noriega en *Abre los Ojos* de Alejandro Amenabar, el mismo año. Su trayecto acaba, por ahora, en el papel central que juegan en la última película de Isabel Coixet, *Elegy*.

3. María José Cantudo

Conocida en su época como «la Cantudo», empezó como modelo publicitaria y actriz de fotonovela. Valerio Lazarov se fijó en ella y la contrató para presentar el programa televisivo *¡Señoras y señores!* y alcanzó su primer gran éxito cinematográfico bajo la dirección de Jorge Grau en *La Trastienda*, (1976) una de las películas más importantes de la transición española y donde, a parte de sus pechos, se puede ver el primer desnudo integral femenino de la historia del cine español.

4. Susana Estrada

Conocida como una de las Musas de la Transición, fue un personaje muy popular en la segunda mitad de los años setenta. Tras cerca de cuarenta años de dictadura franquista, acompañados por una férrea censura en todo aquello que tuviese que ver con el sexo, Susana Estrada vino a simbolizar los nuevos aires de libertad, con su desinhibición a la hora de mostrar su cuerpo o exponer sus opiniones liberales.
Mito erótico de los setenta, musa del sexo sin complejos, estandarte de la hembra cañí, pionera del destape, son algunos de los calificativos que ha recibido esta actriz que en su tiempo rompió moldes.

5. Melanie Olivares

Nacida en Badalona en 1973, ha participado en numerosas series de televisión (*Robles, investigador, Siete vidas* y *Este es mi barrio*) y en algunas películas, pero ha sido *Aída* la serie que le ha dado popularidad. En ella encarna a Paz, una prostituta encantadora y tierna. Los pechos de Melanie Olivares son de los más famosos de la televisión en este momento. *Aída* es una serie con mucha audiencia y uno de sus alicientes es ver los escotes de esta actriz, con muchas curvas y unos pechos que muchos querrían ver de cerca.

6. Ana Celia de Armas

Esta joven actriz que participa actualmente en la serie *El Internado* de Antena 3, protagonizó en el 2005 la película *Una rosa de Francia*, interpretando el papel de Marie, una joven y descarada adolescente, que haciendo de Lolita, se encuentra en medio de un trio amoroso. En varias escenas de esta película donde aparece desnuda, podemos apreciar sus justas pero morbosas medidas pectorales.

7. Verónica Sánchez

Es otra de las actrices que no podía faltar en nuestra selección pues desde que apareció en la serie de Tele5 *Los Serrano* se ha convertido en el sueño húmedo de muchos. Sus pechos se encuentran entre los de las actrices nacionales con mejores curvas.
En una escena de la película *El Calentito* del año 2004 donde protagoniza un revolcón que quita el hipo, nos enseña este preciado tesoro.

8. Nadiuska

Después de pasar una infancia difícil, llega a Barcelona en 1971 como modelo y debuta en el cine en 1972. Su físico exótico, unas medidas exhuberantes y una gran campaña de promoción hacen de Nadiuska una estrella del cine de transición. Pasada esta etapa, el éxito no le acompaña y en 1990 desaparece de las pantallas pasando, al parecer, por una etapa de desequilibrio extremo en lo personal y en lo profesional.

9. Ágata Lys

De azafata del programa *Un, dos, tres... Responda otra vez* (1972), da el gran salto al cine, en el que interpreta a personajes marcados por su espectacular físico. Una vez iniciada la Transición, se convierte en un auténtico mito erótico y se la asocia, por motivos generacionales, con el denominado género del destape, con títulos como *Las camareras, El último tango en Madrid* o *La máscara de cuero*. Tras esa etapa se aparta del mundo de la gran pantalla, al que sólo volverá en contadas ocasiones para colaborar en títulos más elaborados, como *Los Santos Inocentes* (1984), de Mario Camus, *El regreso de los Mosqueteros* (1989), de Richard Lester, *Taxi* (1996) de Carlos Saura o *Familia* (1996), de Fernando León de Aranoa.

10. Silvia Tortosa

Con su aspecto de señora estupenda, rubia, elegante y aburguesada, debutó en el cine a mediados de los sesenta. Tuvo su momento en televisión como presentadora e hizo alguna aparición testimonial en comedias eróticas de la transición, aunque con escasa actividad en la España del cine "S". En su mejor y más sensual película *La señora* (1988), no tuvo reparo alguno en mostrar integralmente su piel e incluso colaboró en el guión de la película.

10 posiciones ideales para una **sodomía**

Coralie Trinh Thi, autora de una guía fundamental sobre la sodomía, designa al «penetrador» con el nombre de Yang, y al «penetrado» por el de Yin. Seguid los consejos para hacer esta práctica lo más agradable y confortable posible.

1. El 99

Llamada también *spoon* (en cuchara), acurrucados de lado. Es sin duda la mejor posición para iniciarse en la sodomización. Los dos amantes están estirados de lado, el uno contra el otro, Yang pegado contra la espalda de Yin. Esta postura permite tanto a Yin como a Yang estar distendidos conservando una gran libertad de movimientos. Para un coito más enérgico, Yang puede abrirse un poco y agarrarse a las ancas o a los hombros de Yin. Yin puede levantar un muslo para facilitar la penetración, y abrirse mucho más, en ese caso Yang puede cogerla y utilizarla para afirmar su conexión.

2. La perrita

También llamada La unión de la vaca, a cuatro patas, por detrás. Es la posición generalmente aconsejada para la sodomización. Sin embargo pide no ser extraño al amor anal, ya que permite una penetración profunda y un ritmo intenso. Es la posición inevitable del reino animal y está impregnada de una connotación bestial irresistible.

3. La perrita con apoyo

Una variante particularmente interesante para la sodomización: Yin puede mantenerse de rodillas, como Yang de rodillas detrás suyo con los brazos apoyados sobre el borde del sofá, por ejemplo... Si Yin es un hombre, estar de rodillas es una posición familiar en la que va a sentirse cómodo. El principal inconveniente de esta postura es también su principal ventaja: la perrita permite una penetración muy profunda. Es imprescindible empezar suavemente y estar muy atento a las reacciones de Yin, hasta adaptarse a su morfología. Para no provocar dolor, es necesario regular la profundidad y el ángulo de penetración.

4. El misionero

Yin está estirado, Yang está estirado encima. Los movimientos están limitados por los dos amantes. Si Yang no se apoya sobre sus manos, Yin puede sentirse incómodo por el peso del cuerpo de Yang. Para la penetración anal, Yin debe abrir y levantar las piernas...

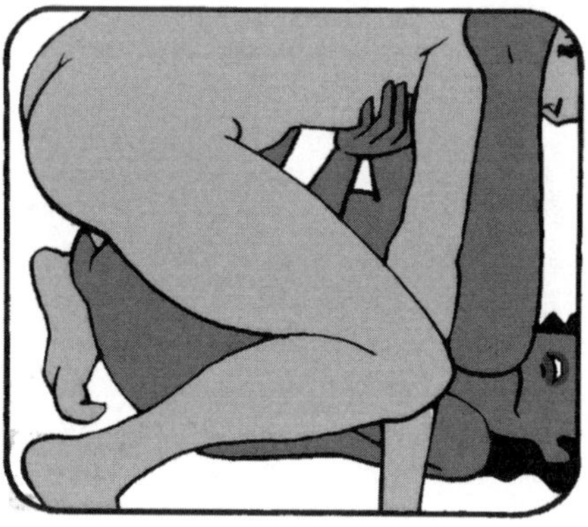

5. La Andrómaca

También llamada amazona, a horcajadas, cabalgada, o *à la Duc d'Aumale*... Yin cabalga a Yang, que está estirado de espaldas, dándole la cara. Yin puede estar de rodillas o en cuclillas con los pies en el suelo o sobre la cama: esto permite una mayor libertad de movimiento de la pelvis, pero el esfuerzo físico es aún más intenso.

6. La Andrómaca al revés

También llamada cabalgada o amazona inversa, el subibaja... Como su nombre indica, es un jinete vuelto: Yin está a horcajadas sobre Yang, siempre estirado, pero de espaldas a él. La penetración puede ser más profunda, aunque siempre controlada por Yin.

7. La Andrómaca al revés inclinada

Inclinándose hacia adelante, Yin puede acariciar los testículos y el perineo de Yang si es un hombre. La vagina y el ano son igualmente accesibles si Yang recoge un poco las piernas.

Si Yin se inclina hacia atrás, puede apoyarse sobre las manos a cada lado del torso de su amante. Yang puede sostenerle por las piernas o las nalgas, masturbarla o acariciar sus senos...

8. La perrita acostada

También llamada perrita estirada, la esfinge, el elefante...

Yin está estirado sobre el vientre, Yang acostado encima lo penetra por detrás.

9. La perrita acostada con piernas cerradas

Yin puede tener las piernas cerradas y apretadas: en este caso, Yang se pone de rodillas o con las piernas estiradas y extendidas a cada lado del cuerpo de Yin. La penetración será menos profunda, pero las nalgas de Yin les parecerán más estrechas a los dos amantes.

Yin también puede recoger una pierna para facilitar la penetración. En ese caso, puede bascular la pelvis para controlar el ángulo de penetración, y una mano puede deslizarse bajo la pelvis para masajear el clítoris o el pene.

10. La doggy

También llamada la perrita de pie, labradora de pie...

Yin puede inclinarse hacia adelante, o apoyarse sobre una silla, contra una pared.

En *La filosofía del tocador* el marqués de Sade describía su visión de las cosas: «La postura más utilizada por la mujer, en este disfrute, es acostarse con el vientre plano sobre el borde de la cama, con las nalgas bien abiertas, la cabeza lo más baja posible. El picarón, después de animarse unos instantes con la perspectiva del buen culo que se le presenta, después de haberlo palmeado, manoseado, algunas veces incluso fustigado, pellizcado, mordido, humedecer con su boca el pequeño agujero que está apunto de perforar, prepara la introducción con la punta de su lengua; y moja también su herramienta con saliva o con pomada y la presenta suavemente al agujero que quiere atravesar; lo guía con una mano, con la otra abre las nalgas de su goce; desde que siente cómo penetra su miembro hace que empuje con ardor, mirando bien de no perder terreno...»

10 escenarios para fantasías con **disfraz**

¿Soñáis con hacer el amor disfrazados? No hay nada más divertido, pero ¿tenéis algunas ideas? La lista que sigue reúne las fantasías más básicas, es cosa vuestra encontrar otras o interpretarlas...

1. El hospital
El señor está en cama, enfermo, cansado, cubierto de vendas o de apósitos, la señora es enfermera, evidentemente no lleva nada bajo la blusa. El querría aprovecharlo, pero no puede moverse. Ella tendrá que ayudarlo...

2. La junta de revisión
Estos hombres desfilan desnudos delante de un examinador, y hoy hay una examinadora atenta y curiosa, deseosa tanto de probar como de observar.

3. La escuela
Las preguntas son difíciles, y los castigos más que humillantes cuando uno se equivoca: en la estaca, desnudo del todo, azotado, o algo peor.

4. Las dos sirvientas
Seréis lesbiana, seréis travesti, seréis dos mujeres, perfectamente vestidas con iconos fetichistas, mujeres que se aman jadeantes. Las dos sirvientas van a jugar a las Bonnes (mujeres de servicio) de Jean Genet, en un festival de susurros y de delantales que os arrancaréis.

5. ¡Ama, mala!

El sumiso sólo tendrá lo que se merezca, que por otra parte es lo que va a buscar. La señora deberá impregnarse de su papel de Ama, una visión previa de la película *Amante, querida, pu...* de Barbet Schroeder le hará un gran servicio.

6. En la granja

Esto requiere una puesta en escena y la creación de un decorado, todo ese heno que habrá que disponer en el salón... esos animales de corral en el balcón... Pero el placer campestre estará en el encuentro.

7. Naturismo estival

Vuestra casa es una playa de Cap d'Agde o de Ibiza, estáis desnudos al sol y decididos a aprovecharlo para comportaros mal. ¡Cuidado con las insolaciones!

8. Prostitución

La señora se vende, muy cara, el señor compra sus servicios y quiere lo que ha pagado. Con la ayuda de lencería provocativa de un color chillón.

9. Padre, he pecado

Desnuda, arrodillada en el confesionario, confesáis vuestros pecados. Pero cuidado con la penitencia, será más dolorosa de lo que creeis.

10. Goulag (Campo de trabajo)

Prisionero, en casa, sumiso a un régimen increíblemente severo. Sólo hay una solución para suavizar vuestro destino: hacer chucherías al guardián, o a la guardiana.

10 maneras de descubrir y estimular el **punto G** de una amiga de aventuras...

¡G como Grial! La búsqueda del punto G pasa ante todo por un perfecto conocimiento de la anatomía femenina... Autora de una obra dedicada a este tema, Ovidie da todos los consejos necesarios para su localización y para su buen uso...

1. Sola

«Empieza a buscar tu punto G sola. Desliza dos dedos dentro de tu vagina y explórala. Gira tus dedos de manera que la yema esté en la dirección de tu vejiga. Notarás una zona, situada justo después del hueso púbico, que no tiene la misma textura que el resto de tu vagina. La pared es rugosa y con protuberancias. Aprieta encima ligeramente, como si quisieras llegar a tu vejiga. Si sientes una sensación bastante viva, casi dolorosa, como una necesidad incontrolable de ir a orinar, es que se trata de tu punto G.»

2. Verlo

«Compra en una farmacia un espéculo de plástico transparente.
Estírate y dispón un espejo entre tus piernas. No abras el espéculo en la misma dirección en que se haría en un examen ginecológico, sino más bien lateralmente, de manera que tu punto G quede al aire libre. Con la ayuda de una linterna pequeña y del espejo, observa el interior

de tu vagina: te darás cuenta de la diferencia de la zona sensible por su apariencia y su relieve.»

3. Con tu amigo

«Haz que tu pareja participe en tus sesiones de descubrimiento. Para la cuestión de los preparativos corporales, será él, principalmente, quien deberá estimular tu punto G. Y por ello deberá aprender a localizarlo con prontitud con la yema de los dedos. Explícale lo que has descubierto, háblale de su diferente textura, y sobretodo, ¡guíale!»

4. Penetración con sus dedos

«Deja que tu pareja te estimule largamente el clítoris antes de ocuparse de tu vagina. Hasta que no esté bien preparada y bien lubrificada no deberás autorizar a tu compañero que te penetre con dos dedos. Guíale de forma que encuentre tu zona sensible.»

5. Pequeñas presiones

«Para excitar tu punto G y no pasar de largo, es necesario ejercer pequeñas presiones encima suyo. El movimiento no debe terminar al fondo de tu vagina, sino en la pared fronteriza a la vejiga. Será necesario pues, curvar ligeramente los dedos y efectuar un movimiento de semicírculo.»

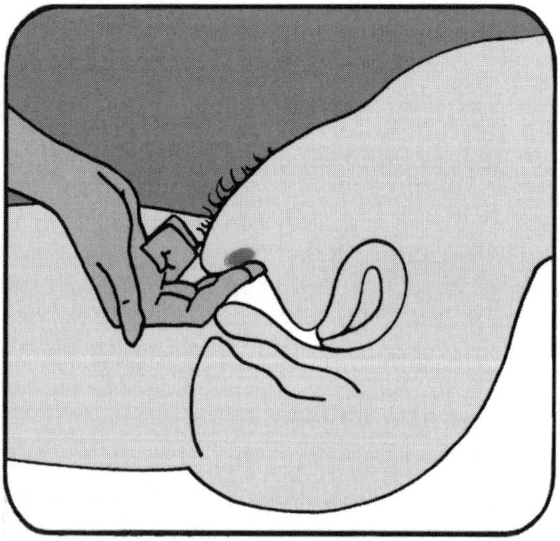

6. Punto G y clítoris

«Continúa por estimular tu clítoris. Ya sea con un cunnilingus que te hace tu pareja mientras ejerce las presiones. O si eres tú misma acariciándolo al mismo tiempo.»

7. Posiciones ideales para estimular el punto G

«Las posiciones que se deben adoptar son aquellas en las que el pene termina su movimiento sobre el punto G y no en el fondo de la vagina como en el coito clásico. Es necesario que el pene y la vagina no se acoplen perfectamente sino que se rocen "al biés". En general, es mejor privilegiar las penetraciones donde estéis cara a cara, o en las que el glande golpee tu vejiga.»

8. La ideal, la jinete inclinada hacia atrás

«Te colocas a horcajadas sobre tu pareja. Una vez empalada, inclínate hacia atrás, con las manos detrás tuyo a ambos lados de las piernas de tu compañero. Bascula la pelvis hacia adelante de manera que el glande no golpee el fondo de tu vagina sino sobre el punto G. Empuja con tus pies para conseguir el movimiento de vaivén. Libera una mano para acariciarte el clítoris.»

9. El misionero en ángulo

«Estírate de espaldas. Coloca un cojín bajo tus nalgas de manera que estén ligeramente levantadas. Tu compañero tiene que estar de rodillas, derecho, completamente recto, y formar un ángulo recto contigo. De esta forma, su sexo debe apoyarse sobre tu punto G. Dobla tus piernas y levanta las rodillas hasta que estén a la altura de tus hombros. Si no eres muy flexible, deja que tu compañero apoye tus tobillos sobre sus hombros. Acaríciate el clítoris.»

10. Con un juguete erótico

«Hay *sextoys* que te penetran vaginalmente y vibran sobre tu clítoris al mismo tiempo, de manera que te procuran doble placer.
Una parte larga y fálica hace una rotación en el interior de tu vagina ejerciendo presión sobre tu punto G. Unas pequeñas bolas van girando produciendote un masaje que te hacen sentir todo tu interior.»

10 lugares excitantes para **hacer el amor al aire libre**

Hacer el amor al aire libre es una fantasía que puede ser facilmente realizable en el momento que uno encuentra el sitio adecuado, apartado y confortable. ¿Lo habíais soñado alguna vez?

1. La playa
Es una de las fantasías más frecuentes, tanto entre las chicas como entre los chicos... entonces, ¿por qué sigue siendo una fantasía? Si no hay nada más simple, sólo hace falta encontrar el lugar y el momento. Una playa desierta no es difícil de encontrar... ¡en noviembre!

2. El corral de granja
La fantasía rural todavía tiene una larga vida. El corral, la granja, un carro de heno... ¡Cuántos lugares propicios para retozarse! No olvidéis alquilar una casa rural este verano.

3. El claro del bosque
El amor en el bosque, lejos del mundo. Pero atentos al paso del tiempo. La noche llega, debéis encontrar el camino de vuelta...

4. Las rocas
Nada como un paseo por la montaña para hacer correr la sangre en vuestras venas. A veces sólo es necesario alejarse un poco de los senderos para encontrar un lugar perfecto para hacer el amor sobre alguna roca plana... Pero cuidado con las caídas de piedras. Lo ideal sería que estuvierais encordados.

5. El extenso campo de trigo
Nada lo impide excepto la fiebre del heno, las oleadas de calor, las espigas que pican...

6. La nieve

Una fantasía nórdica por fin realizada. Lo ideal sería construir un iglú, pero no siempre se tiene tiempo.

7. El balcón

No deberíamos hacer el amor en un balcón cuando tenemos la suerte de tener un rincón discreto en pleno aire libre, y en la ciudad es una estupidez. Un balcón debería, de todos modos, estar amenizado expresamente para «eso».

8. El mar

Hacer el amor dentro del agua, a un paso de la playa, cerca de las miradas de los bañistas, esto podría ser posible, pero ¿sabíais que el agua de mar es muy agresiva para las mucosas y que el agua fría puede tener un efecto «refrescante» en el tamaño de vuestros atributos?

9. La piscina

Desde que se tiene la suerte de tener acceso a una piscina privada, permitiendo hacer el amor lejos de las miradas, sería también estúpido no hacerlo. Todo es posible: en el agua, en el borde, en el trampolín...

10. La calle

Es tan excitante como casi imposible de realizar, sólo los rincones de las puertas, por la noche (una noche negra), en barrios desérticos, pueden utilizarse para unos rápidos encuentros de amor, de pie y con un vestuario apropiado.

10 **casas de perversión,** mancebías y casas de tolerancia de otros tiempos

Primero en Francia, las *maisons closes* fueron despiadadamente cerradas en 1946, más tarde, en España la regulación del fenómeno de la prostitución fue inicialmente de tipo administrativo. Comenzó mediante el Decreto Ley del 3 de marzo de 1956 sobre la abolición de los centros de tolerancia, por el cual se declararon clausuradas las denominadas mancebías y casas de tolerancia, en las que, hasta entonces y de manera más o menos encubierta pero en todo caso consentida por la Administración, tenía lugar la práctica del comercio sexual.

1. La Chabanais

La casa, instalada en el núm. 12 de la calle Chabanais, cerca del Palais-Royal, era célebre por su increíble decoración exótica de sus habitaciones. Incluso en la Exposición Internacional de 1900, se concedió un premio a la «*Chambre japonaise*» (Habitación japonesa). También había la Habitació Hindú, la Directora, la Medieval, la Napoleón III, la Habitación Morisca «que reclamaba violación» o incluso la habitación Luis XVI, decorada con medallones que contenían imitaciones de Boucher...

2. La One Two Two

Situada en el núm. 122 de la calle Provence, esta *maison close* atraía a los enamorados de los viajes con una habitación transformada en vagón-cama. Las banquetas de este vagón, increíblemente bien reproducido, estaban recubiertas de puntillas blancas donde dominaba «una soberbia Venus negra».

3. Aux Belles Poules

En el núm. 32, de la calle Blondel. La decoración interior fue una de las más espectaculares de París. Mosaicos de loza roja rendían homenaje a la belleza femenina... asociándola a menudo a la de las aves de corral. Encima de las puertas, las bellas Odaliscas, lógicamente lánguidas, vecindaban con las composiciones mitológicas con jóvenes mujeres desnudas de trasero rellenito. Una mujer pelirroja, una cinta en el pelo, un pecho descubierto, disimulando su rostro detrás de un abanico...

4. La Sphynx

Situada en el núm. 31 de la avenida Edgar Quinet, este establecimiento acogía la flor y nata de los intelectuales y la política de entreguerras. La «decoración egipcia» del lugar gozaba de gran renombre. La estatua de un faraón, con largas piernas abiertas, recibía a la clientela.

5. Rue des Moulins

Una de las telas mundialmente conocidas del pintor Toulouse Lautrec, que podemos ver en el museo Toulouse Lautrec de Albi, se representa a Mireille, una preciosa residente pelirroja, con un *déshabillé* vaporoso. Recibe a la clientela con pose lánguida. La tela nos permite apreciar el decorado de columnas y espejos.

6. Le Moulin Galant, de la calle de Fourcy

El escritor Jean-Paul Clébert cuenta: «En el barrio de Saint-Paul, creo que en la calle de Fourcy, había el más sorprendente de los lugares públicos, un burdel para mendigos. Este prostíbulo, ahora desaparecido, aunque no de la memoria de los que lo usaban, y del que nos imaginamos y añoramos su atmósfera, estaba compuesto por dos habitaciones, el Senado (*le Senat*) donde la tarifa era siempre de diez francos y la Cámara de diputados (*la Chambre des diputés*) donde esta variaba, según el humor y la cualidad, en torno a los quince francos.»

7. L'Abbaye, de la calle Saint-Sulpice

Era un burdel destinado a una clientela eclesiástica. Alphonse Boudard la ha descrito con todo detalle. «Las habitaciones se preparaban sobre la base de lo que iba a pasar en ellas. La sala de torturas, con una cruz de San Andrés... el crucifijo no habría sido el único sacrilegio... diversas tenazas, ganchos y cadenas, una horca para los amantes de la cuerda al cuello pues parece que en cierto momento el colgado experimenta una erección.. Pasemos a la habitación de Satán... aperitivo del infierno. El paciente era recibido por diablesas que no le dejaban respiro alguno. Aquí también se maltrataba pero se jugaba más con el sentimiento de la condena... Una de las habitaciones se llamaba la sacristía... y aquí iba de eso. Un confesionario estaba aparte en un rincón de un cuarto tapizado en rojo. Un lugar muy solicitado donde los papeles muchas veces se invertían... Esto daba lugar a algunas sorpresas... la chica estaba a pelo o con sotana según el deseo del cliente...»

8. El Barrio Chino de Salamanca

El Barrio Chino era la zona de Salamanca en la que se agrupaban los lupanares, casas de citas y otros establecimientos de lenocinio de la ciudad. A lo largo de su dilatada historia su ubicación se fue trasladando paulatinamente desde la ribera del río Tormes hasta el área conocida como Vaguada de la Palma. Locales destacados fueron el Casablanca, el Florida y el Serrano. La estatua de bronce de Rafael Farina, un asiduo de los locales del barrio, es el único recuerdo que, a día de hoy, permanece en pie de lo que fue, en una línea histórica continuada desde el período del Renacimiento Isabelino hasta casi el momento presente, el barrio chino con mayor peso en toda la historia de la Literatura Española. De su reputación todavía reza un dicho: «A Toledo, por la espada;/a Valencia, por las frutas;/a Rioja, por bon vino/y a Salamanca, por putas.»

9. La Mancebía de Sevilla

La Mancebía de Sevilla estaba en el llamado Compás de la Mancebía, llamado también Compás de la Laguna, la actual zona de la Plaza Molviedro y las calles Castelar y Gamazo, que entonces se extendía entre la Puerta del Arenal y la Puerta de Triana, la muralla y una tapia que la aislaba del resto de la ciudad. La mayoría de las casas de la Mancebía pertenecían al Ayuntamiento, a hospitales o a instituciones religiosas y aunque tenían entrada por la calle Harinas, se accedía al recinto tras patios y corralones. Su puerta principal se ubicaba en la calle Boticas, bajo el Arquillo de Nuestra Señora de Atocha. Esta puerta era más conocida por El golpe donde se sentaba habitualmente el «mozo del golpe», un empleado del recinto encargado de la vigilancia. Según el padre Pedro León sus «contribuyentes» —es decir, clientes— eran de la ciudad, forasteros y campesinos que «en los días que huelgan sus cuerpos hacen trabajar a sus tristes almas».

10. La Casita Blanca, en la plaza Lesseps

La Casita Blanca, en Barcelona, tiene fama de ser el paraíso de las bajas pasiones por excelencia. Por sus 50 alcobas han desfilado durante casi un siglo personajes relevantes de la política, literatos y jueces. Una casa de citas al lado de la Avenida del Hospital Militar, «abrevadero amable y romántico» que como dicta la canción de Serrat: «Cuidó gentilmente/Y por un precio módico/Aquel desliz madrugador,/Cuando ella con la compra/Y usted con el periódico/Desayunaban incierto amor». Y que hasta su demolición seguirá abierto las 24 horas, porque los caprichos de la carne no entienden de horarios. Su lema: «Ver, oír, pero sobre todo callar».

10 objetos cariñosamente utilizados por las chicas para **masturbarse**

¿Qué hacen las chicas cuando están solas? ¡Se masturban! El nuevo *Informe Hite* (Shere Hite, 2000) que ha tratado extensamente el tema, nos revela con qué y cómo...

1. Sus dedos y sus manos
Es la manera utilizada por más de tres cuartas partes de ellas. Caricias del clítoris y de los labios, introducción de un dedo pequeño en el sexo...

2. Un Fular
El Fular u otra pieza de tejido se utiliza para frotar la vulva.

3. Un pequeño cojín
Un pequeño cojín, bien relleno entre los muslos, hará el mismo papel.

4. El pomo de ducha
El chorro de agua tibia de la ducha, dirigido hacia el clítoris, procura unas deliciosas sensaciones.

5. Un chorro de agua de un grifo

El chorro de agua cayendo verticalmente de un grifo es igualmente apreciado.

6. Velas y otros objetos cilíndricos

Los simulacros de pene sólo son utilizados por las mujeres asociando la penetración a la masturbación.

7. Sus propios muslos

Frotarse los muslos uno contra el otro es un «método» de masturbación global.

8. El brazo

El brazo de un sillón, el borde de un mueble, frotar la zona vulvar sobre un objeto duro...

9. El borde de una bañera o de un lavabo

Mientras que el borde de loza de una bañera o de un lavabo añade la impresión de frescor o humedad a esta sensación.

10. Juguetes eróticos

Son tan numerosos, y de formas tan variadas...

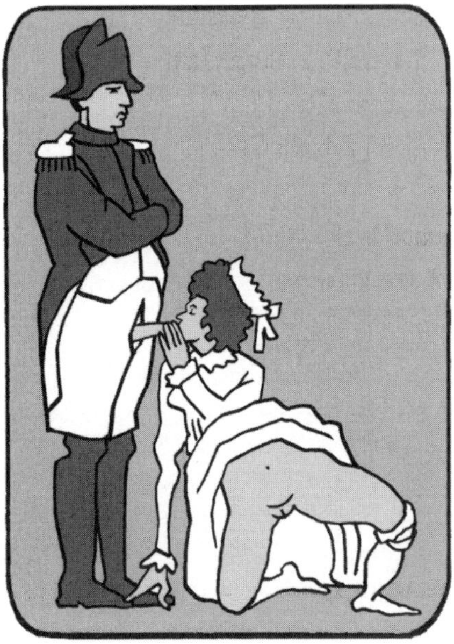

10 **reyes** europeos con una sexualidad compleja

Relaciones de sexo y poder de emperadores y reyes de Occidente donde la infidelidad siempre estuvo presente. Son famosas las historias sobre las fiestas de todo tipo que estos organizaban, donde todo era válido...

1. Carlomagno (742-814)
El emperador Carlomagno coleccionó esposas con patronímicos tradicionales, al menos cinco: Himiltrude, Desideria de Lombardía, Fastrade de Franconia, Hildegard de Anglachgau y Liutgarde de Alemania. Pero también tuvo numerosas concubinas con las que tuvo un gran número de hijos, hecho que llegó a complicar considerablemente su sucesión.

2. Cayo Julio César (100 a. C.- 44 a. C.)
César sedujo a numerosas mujeres a lo largo de su vida y sobre todo a aquellas pertenecientes a la alta sociedad romana entre las que había esposas de miembros del senado. También mantuvo relaciones con la madre de Bruto, el ejecutor de su asesinato, y con la esposa del rey de Mauritania, pero su relación más famosa fue la que tuvo con Cleopatra.

3. Adriano (76-138)
Emperador romano nacido de una familia originaria de Hispania. Se sabe que el emperador estaba descontento de su matrimonio con su esposa Vibia Sabina y que, seguidor del ideal de vida griego del cual la pederastia formaba parte, al quedar impresionado por el bello adolescente Antinoo se convirtió en su mentor y tomándolo por amante fue objeto de sus prácticas sexuales, que podrían haber impulsado al efebo al suicidio, aunque no se descarta una intriga palaciega en la que la esposa del emperador quizás no quedara impune.

4. Alfonso VIII de Castilla (1155 -1214)
El de las Navas de Tolosa. Se casó con Leonor de Plantagenet, se profesaron sincero amor y de su unión nacieron catorce hijos, aunque la tradición popular cuenta que mantuvo relaciones amorosas con una judía llamada Raquel. Dicha leyenda ha dado lugar a varias obras literarias.

5. Carlos VII de Francia (1403-1461)
Su amante Agnès Sorel sin duda era una de las más bellas mujeres de su tiempo, poco celosa de sus encantos hasta el punto de poder afirmar que lanzó la moda de llevar un pecho descubierto —sólo uno— hecho que algunos cuadros de Jean Fouquet han conservado para el recuerdo.

6. Fernando II de Aragón (1452-1516)
Fernando II de Trastámara, llamado el Católico, rey de Aragón y de Castilla como Fernando V. Viudo ya de Isabel, se casó con Germana de Foix que era 36 años menor que él y tuvieron una vida sexual poco usual en la realeza. Para atender los requerimientos de su esposa, el rey tomaba cantárida, un insecto cuya sustancia produce una vasodilatación parecida a la Viagra.

7. Enrique VIII (1491-1547)
Tuvo seis esposas y se le consideraba «peligroso» a la hora de conseguir la nulidad de sus matrimonios. Enrique era un apasionado de las mujeres, a pesar de no ser un gran amante. Al parecer, cuando Enrique VIII engordó y envejeció, dejó de ser buen amante. Sus mujeres sentían rechazo incluso llegando a reírse de él.

8. Luis XIV (1638-1715)
El rey Sol se casó dos veces —la segunda vez en secreto— y fue un mujeriego durante la mayor parte de su reinado. Entre sus amantes tuvo a dos sobrinas del cardenal Mazarin, pero también otras mujeres espectaculares, como Louise de la Vallière, favorita del rey cuando enviudó, o como la duquesa de Fontanges, muerta a los veinte años después de haber sido la amante del rey. Y también lo fue Catherine-Charlotte de Grammont, princesa de Mónaco, de quien se cuenta que era lesbiana.

9. Luis XV (1710-1774)
Luis XV coleccionaba las amantes, de las cuales cuatro eran hermanas de la misma familia: los Nesle. Pero sobre todo fue un escándalo cuando dio un cargo público a dos de ellas, la marquesa de Pompadour y la du Barry, antigua prostituta.

10. Napoléon I (1769-1821)
La leyenda atrevida le atribuye un gran número de amantes. Se sabe que perdió su virginidad con una prostituta del Palais-Royal, que la autopsia reveló que tenía un sexo de pequeñas dimensiones, que Josefina le puso los cuernos más allá de lo razonable, que su hermana Paulina era casi nimfómana y que para la mayoría de sus amantes era lamentable en la cama...

10 nombres para designar el **sexo femenino**

Siendo sin duda el órgano con los apelativos más variados, si buscáis un sinónimo florido para el sexo de la mujer, podéis evocar, por ejemplo:

1. La fresa.
2. La almeja.
3. La castaña.
4. La gruta.
5. El chichi.
6. El pórtico de la gloria.
7. El conejo.
8. La grieta.
9. El felpudo.
10. El moño.

10 objetos que no deberían faltar nunca en tu **mesita de noche**

Antes que los pañuelos de papel y que las bolas de alcanfor, los cajones de tu mesita de noche deberían albergar algunos objetos útiles para el placer, juguetes y accesorios para sazonar tus retozos. Como por ejemplo...

1. Unas esposas...
... para atar a tu compañero a los barrotes de la cama mientras le haces el amor con gallardía.

2. Un fular
... para taparle los ojos y jugar a una-de-cal-y-otra-de-arena.

3. Unas velas
... para dar un ambiente de otra época a tu habitación, luz tamizada, sombras cómplices.

4. Preservativos perfumados
... darán un nuevo gusto a tus felaciones.

5. Una selección de imágenes eróticas
... para darte algunas ideas.

6. Un vibrador con pilas de recambio
... para vibrar de emoción.

7. Un *cockring*
... para prolongar el vigor del sexo masculino.

8. Una máscara
... para disfrazarte.

9. Aceite de masaje y lubrificante
... para hacer tus movimientos más dulces.

10. Unos pequeños espejos, tipo de bolsillo
... para verlo todo desde otro ángulo.

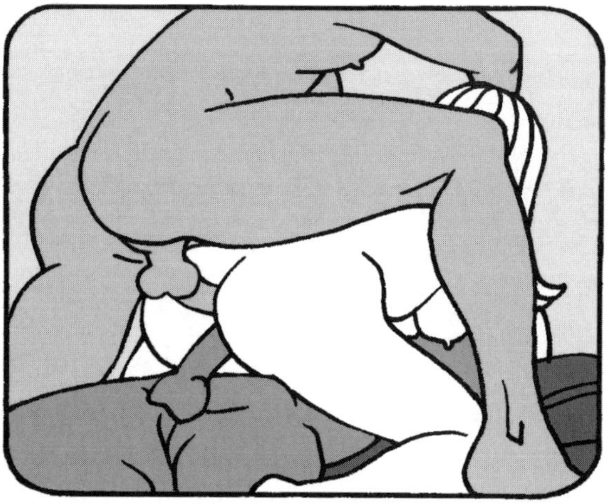

10 **prácticas sexuales** del cine X

que deseamos adoptar

El cine pornográfico ejerce una gran influencia sobre la naturaleza de nuestra sexualidad, imponiendo sus modelos, su coreografía, su moral... Pero ¿estamos realmente preparados para adoptar todas las prácticas que nos presenta? Ya que muchas de ellas son duras, del tipo «safe sex»... Aun así, veamos...

1. La eyaculación facial

El acto sexual se acaba con la eyaculación del chico sobre la cara de su compañera.

2. La tarta de crema

La visión en primer plano del esperma que cae de la vagina o del ano de su compañera.

3. La DP

La doble penetración, un sexo en la vagina y otro en el ano.

4. La DA

La doble anal, dos hombres penetrando un ano dilatado.

5. De «cara a la cámara»

La posición favorita de las stars del porno, cabalgando a su compañero de cara a la cámara, *hace* de buen ver, pero es totalmente incómoda.

6. El *gang-bang* invertido

Un chico hace el amor con tres mujeres o más. Tentador, pero hace falta asegurar...

7. Intercambio de esperma

Una mujer que acaba de recibir el esperma de su amante en la boca abraza y besa a otra para un «intercambio».

8. El *spit roast* (el pincho)

Una muchacha a cuatro patas es penetrada a lo perrita mientras ella chupa a un segundo compañero que está frente a ella de rodillas.

9. El *bukkake*

No es sólo uno sino un gran número de hombres que eyaculan sobre la cara y el pecho de una mujer.

10. La triple penetración

Una mujer acoje tres sexos masculinos en la vagina, el ano y la boca.

10 etapas de un **cunnilingus** perfecto

Wu Hu, emperatriz de la dinastía china de los Tang (618-907), exigía que sus dignatarios abrazaran, besaran y lamieran su «estambre de loto» antes de cada audiencia. Para hacerlo bien, he aquí las diez principales etapas de un cunnilingus tal como las describen la mayor parte de los manuales de erotología... Claro que nunca todo es tan simple, hay algunas variantes, cada mujer tiene sus pequeños secretos que sabréis descubrir cuando llegue el momento.

1. El vientre

Pon tus manos sobre sus piernas, besa y acaricia la piel de su vientre descendiendo hacia sus muslos. Abre suavemente sus muslos y deja correr tus labios a lo largo de su ingle, cerca del pubis.

2. El interior de los muslos

Besa y acaricia largamente el interior de sus muslos recorriéndolos con tus labios. Sube hacia su sexo y bésalo suvemente, casi imperceptiblemente, luego vuelve hacia atrás...

3. La hendidura

Acaricia la hendidura de su sexo con la punta de tu lengua, después empieza a abrir sus labios, siempre con la punta de la lengua, sin apretar demasiado fuerte.

4. Los labios

Abre un poco más los labios pasando tu lengua por el interior de su sexo, de arriba a bajo. Con los dedos, abre cuidadosamente los labios mayores y descubre los pequeños.

5. El interior de su sexo

Lame con el borde de la lengua el interior de su sexo.

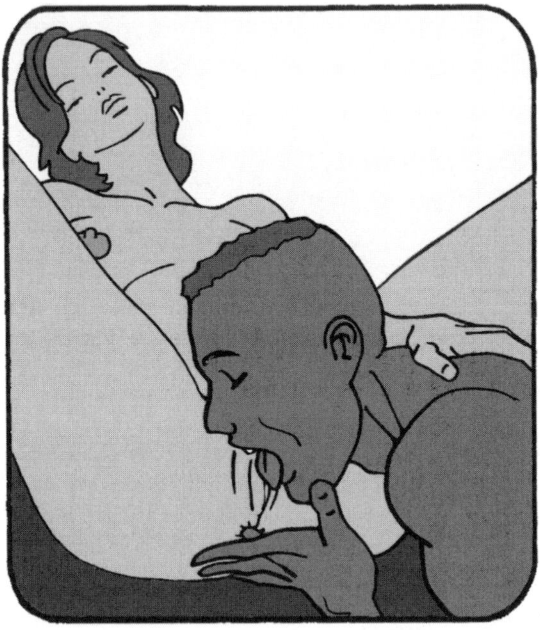

6. El clítoris que asoma

Abre los labios más arriba para liberar el clítoris. No acaricies el interior de su sexo ni el clítoris sin haberte humedecido primero los dedos con saliva o con su jugo vaginal. De todas formas, no estimules directamente el clítoris todavía, es extremadamente sensible.

7. La vagina

Hunde suavemente tu lengua en su vagina abriendo cuanto puedas sus muslos. Es en este momento cuando tienes que subir la lengua hasta lo alto de la hendidura para que despunte el clítoris.

8. El clítoris al fin...

Muy suavemente, lame todo el perímetro del apéndice y la piel que lo protege. Tu lengua debe ser ancha para cubrir toda la zona clitoriana y después puntiaguda para sólo estimular el clítoris.

9. El orgasmo viene

En el momento que sientas que viene el orgasmo, presiona tu boca en forma de O alrededor de su clítoris y cógelo con la boca.

10. El orgasmo

Mientras lo succionas, utiliza dos dedos para acariciar la pared interior de su vagina y el fondo, si estás atento... Escucha su respiración para adaptarte a su ritmo con tus dedos. Sigue así hasta el primer orgasmo...

10 cosas que no debes olvidar **antes de recibir** a tu amante

El saber vivir y las buenas maneras tienen tendencia a perderse. Pero hay algunas cosas indispensables a tener en cuenta cuando tengas la intención de recibir en casa a alguien con quien esperas pasar la noche haciendo tórridos ejercicios sexuales.

1. Limpiar en profundidad tu casa.
2. ¡Disimular las fotos de tus ex, y la de tus padres mientras él o ella esté en tu casa!
3. Quitar de la biblioteca o de la estantería de las pelis todo lo que sea demasiado «peligroso»...
4. Cambiar las sábanas.
5. Tomar un baño, depilarse, hacerse una mascarilla...
6. ... Sin olvidar limpiar el baño.
7. Lavarse los dientes.
8. Desconectar el teléfono.
9. Aprenderse de memoria su nombre ¡para evitar cualquier metedura de pata!
10. Preparar la cena o el aperitivo antes de empezar cualquier cosa que no deba interrumpirse.

apasionadamente

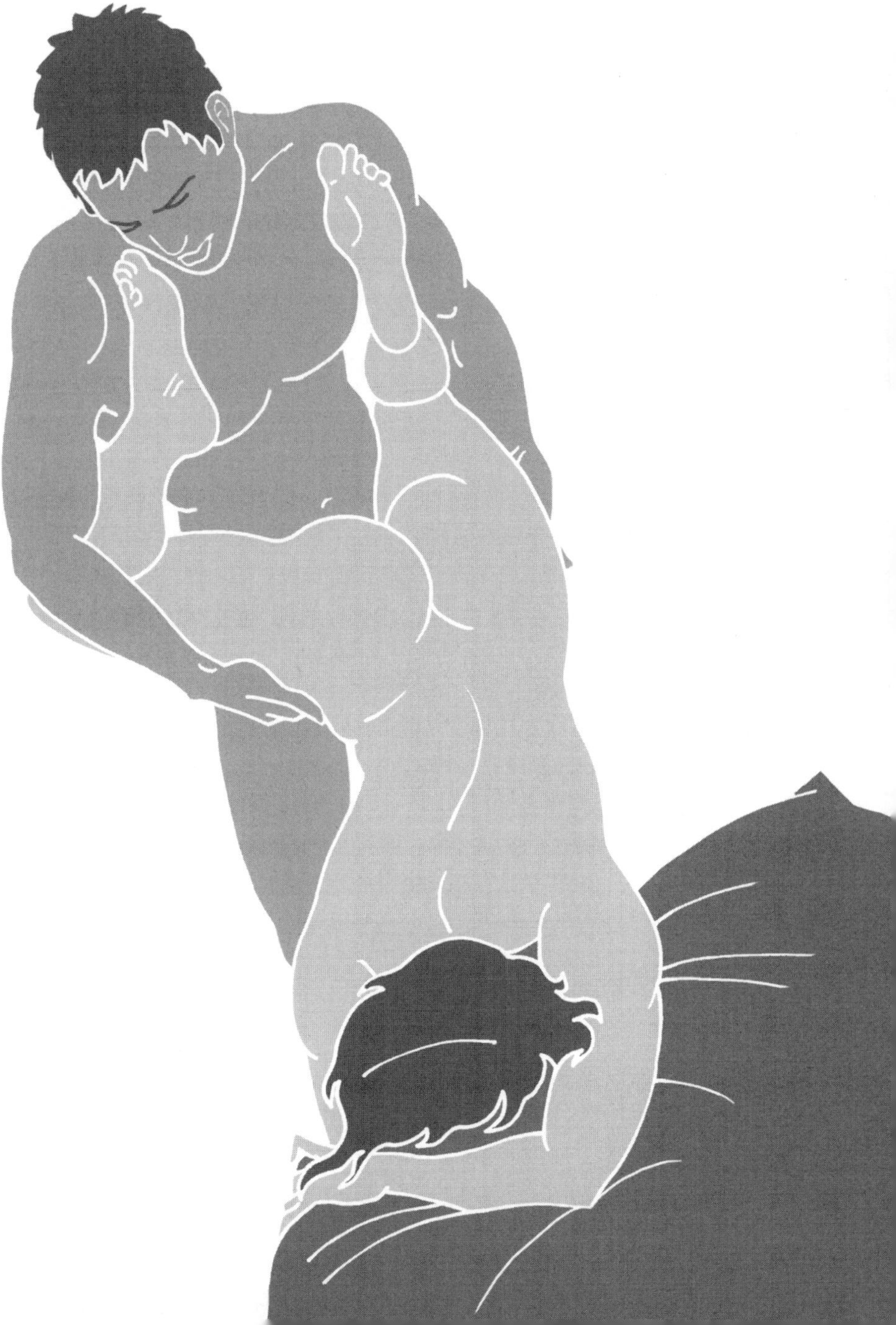

10 **animales** con una vida sexual compleja

Los animales muchas veces tienen un comportamiento que los más libertinos de los nuestros a su lado harían un vago papel...

1. Las arañas
Entre los solífugos (un tipo de arácnidos), el macho, con sus achuches, deja a la hembra en un verdadero estado cataléptico; así puede maniobrar a su gusto y transportarla donde le plazca para hacerle el amor.

2. La leona ninfómana
Quiere hacer el amor por lo menos cada media hora, durante cuatro o cinco días.

3. Las hienas
Las hienas hembra tienen mayor tamaño que los machos y un clítoris hipertrófico que de lejos parece un pene. Esto se debe a un exceso de secreción de hormonas masculinas.

4. Las langostas
El macho oecanthus posee en el costado un glande capaz de segregar un líquido azucarado del que hace ofrenda a la hembra que lo absorbe antes de la cópula.

5. El buitre

El buitre es hermafrodita y puede cambiar de sexo en el transcurso de una misma sesión de reproducción.

6. El hámster

El hámster puede aparejarse 70 veces en una hora.

7. Los sapos

Normalmente tienen una vida terrestre, pero se quedan en los pantanos y los estanques en el momento de la reproducción.

8. El esperma de la ballena

La ballena eyacula 1.800 litros de esperma en su acto sexual.

9. El gusano amazona

Investigadores de la Universidad de Harvard acaban de descubrir en las profundidades marinas una colonia de amazonas: unos gusanos solamente hembras que han sobrevivido desde hace 40 millones de años y habiendo dado a luz a 350 especies que, todas, se han adaptado en función de sus hábitats respectivos. ¡Sin machos!

10. La mantis religiosa

Durante la cópula, el macho es decapitado y frecuentemente devorado. Entre ellos el instinto sexual es más fuerte que el de conservación, y una vez decapitado todavía continúa cumpliendo con su papel.

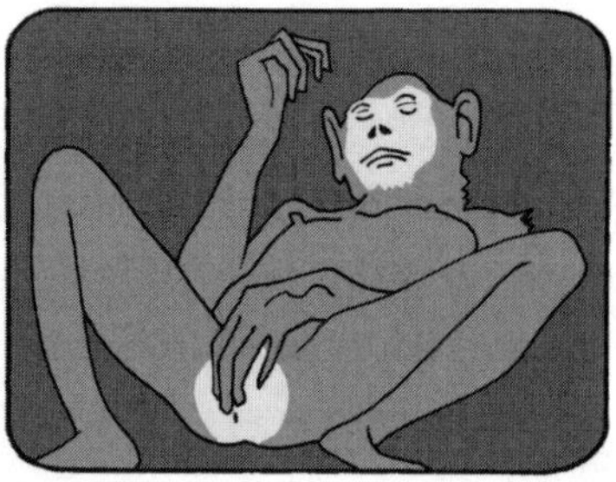

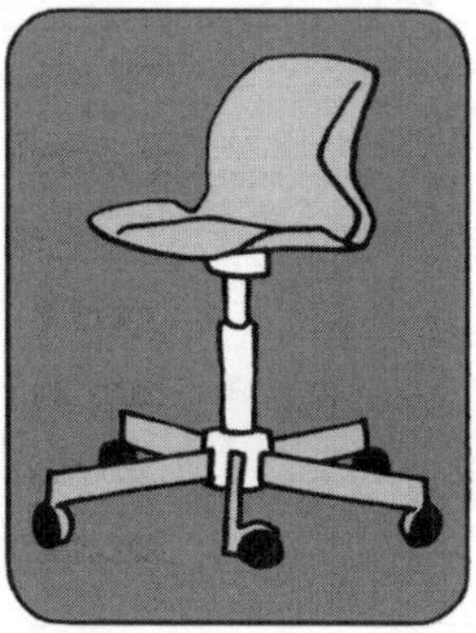

10 **muebles indispensables** para hacer el amor en otro lugar que no sea la cama

Hacer el amor en una cama es agradable, confortable, pero ¿por qué privarse de placeres más exóticos, sin dejar la comodidad mullida de tu casa?

1. Un sofá
Un canapé corto y esponjoso casi sólo permite estirarse, hecho que empuja a tomar algunas posturas un tanto acrobáticas, el hombre a menudo se apoyará en el suelo para sus embistes.

2. Un reclinatorio
Mueble litúrgico ideal para ofrecer a la vista un pequeño culo redondito de una novicia en pregaria... Perfecto para la sodomía.

3. Un banco
El chico se estira en él, la chica se empala y, ¡Hala! ¡Casquete!

4. Una mesa de ginecólogo
El examen será más «puntiagudo» que el ordinario, las piernas bien abiertas, la chica se ofrece a la vista, ¡pero no sólo eso!

5. Un taburete de bar
La chica estira su torso en él y ofrece sus nalgas a los asaltantes.

6. Una hamaca
La chica, estirada perpendicularmente en la hamaca, se balancea ofreciendo su sexo a un chico de pie.

7. Un sillón club
Permite a la chica poner los muslos sobre sus brazos, desvelándole un buen camino abierto al chico que está de rodillas delante del sillón.

8. Una mesa sólida
Ofrece mil perspectivas de placer, la chica estirada un poco hacia arriba, ofreciendo sus nalgas o su sexo al chico que está de pie delante de la mesa.

9. Una silla de oficina giratoria
Es divertido porque rueda, el chico bien anclado en el suelo hará ir y venir la silla y a su pasajera...

10. Un «fouteur»
Unos muebles «hechos para esto» existen de nuevo, hoy, para amueblar los clubs de intercambio o el interiorismo de libertinos exigentes. Estos muebles están concebidos... de vosotros depende imaginaros para qué.

10 posiciones ideales para el **sexo oral**

Felación y cunnilingus, por agradables que sean, no por ello exigen menos la variación de posturas para no caer en la rutina. Variedad, sí, y en ciertas ocasiones, suplicio de ciertas articulaciones...

1. El hombre está estirado de espaldas, la mujer, arrodillada a su lado, lo degusta.

2. La mujer está estirada de espaldas, el hombre sube entre sus muslos, la cara a la altura de su sexo que él devora.

3. La mujer está estirada sobre el vientre perpendicularmente al hombre y se pone las cosas en la boca.

4. La mujer está estirada de espaldas en el borde de la cama, las piernas levantadas hacia el cielo, el hombre está arrodillado en el suelo y se la come con los ojos y con la boca.

5. El hombre está sentado sobre una silla, la mujer está de rodillas delante de él y tiene hambre.

6. La mujer está a cuatro patas sobre la cama, el hombre detrás suyo se está apoderando de su culo y degusta todo lo que se le presenta.

7. El hombre está estirado de espaldas, la mujer, de pie, se inclina hasta el suelo y degusta lo que sobresale.

8. La mujer hace el pino, ofreciendo su sexo hacia el cielo, como un cáliz que el hombre relame.

9. La mujer y el hombre estan en posición de 69, sólo ella devora el sexo a su alcance.

10. El hombre y la mujer están en posición de 69, sólo él devora el sexo que está a su alcance.

10 ejemplos de **erotismo** a través del arte

Esta pequeña selección de pinturas, tallas, bajorrelieves y grabados que encontrarás en ciudades, pueblos y museos españoles demuestran que el sexo no está vinculado únicamente a la reproducción. Si tienes ocasión, no te lo pierdas...

1. Pinturas rupestres. Podemos encontrar escenas de cópulas, tríos, masoquismo y otras manifestaciones sexuales, incluyendo las relaciones homosexuales en vestigios paleolíticos. En España existen algunos ejemplos en la cueva de **Los Casares** o en las grutas de **Chufín** y **El Castillo**.

2. Los canecillos de Santa María de Revilla de Santullán. En la Edad Media colocar imágenes de sexo explícito en el exterior de las iglesias podía incitar a las parejas a mantener relaciones sexuales y así aumentar la natalidad. Sin embargo, imágenes como la que podemos ver en algunos de los canecillos de la iglesia de Santa María de Revilla de Santullán (Palencia), muestran diversas técnicas masturbatorias que son de lo menos adecuado para fomentar la reproducción (como mucho servirán para fomentar las lesiones musculares si se intentan poner en práctica).

3. Susana y los viejos, de Paolo Veronese, (óleo sobre lienzo, hacia 1580, Museo Nacional del Prado, Madrid). Susana, sorprendida durante el baño por dos viejos jueces, Arquián y Sedequía, intenta tapar su desnudez rechazando sus proposiciones deshonestas, según narra el Antiguo Testamento.

4. Fiesta en un parque de Antoine Watteau, (óleo sobre Lienzo,1712-1713, Museo Nacional del Prado, Madrid). En esta obra el artista ha representado a una serie de parejas y grupos de personajes en el claro de un bosque, presididos por las fuentes de Neptuno, dios de los Océanos, y Ceres, diosa de la fecundidad y del matrimonio.

5. *Bacanal*, de Michel-Ange Houasse (óleo sobre lienzo, 1719, Museo Nacional del Prado, Madrid). Diversos personajes, vestidos con túnicas o semidesnudos, bailan, beben, comen uvas, tocan instrumentos y se divierten en un entorno ajardinado alrededor de un busto del dios Baco.

6. *¡Quién lo creyera!*, de Francisco de Goya, (grabado, 1799, Museo del Grabado de Goya). Es un grabado de la serie *Los Caprichos*. En un manuscrito que se encuentra en la Biblioteca Nacional se realza su parte más escabrosa: «Una vieja y un viejo lascivos idean nuevas posturas de fornicación; regañan por no poder hacer cosa derecha y los monstruos de la lujuria los van a arrebatar para el abismo».

7. *Odalisca*, de Mariano Fortuny. Oleo sobre cartón, 1861, Museu Nacional d'Art de Catalunya, Barcelona).
Mediante la voluptuosidad de las formas desnudas del cuerpo de la odalisca tendida sobre un paño de seda labrada, el pintor transmitió gran sensualidad y hedonismo.

8. *El gran masturbador*, de Salvador Dalí, (1929, óleo sobre lienzo. Museo Nacional Centro de Arte Reina Sofía, Madrid).

Profundo conocedor de los estudios de Freud, Dalí no esconde su personalidad ni sus obsesión por el sexo. Pegada a la mujer hay un lirio, que simboliza la pureza, una enrevesada forma de definir la masturbación como la relación sexual más pura. Como es constante desde que la conoció, Gala aparece representada, en este caso en la pareja que está abrazada debajo de la figura principal.

9. Las pinturas eróticas de Villajoyosa

Las pinturas eróticas que se descubrieron en un bar de Villajoyosa (Alicante) están ahora en su Museo Arqueológico Municipal y datan del siglo XIX. Los frescos representan a tamaño natural a diversas diosas de la mitología grecorromana, como Eros y Psique y son propias de un ambiente masculino, de «reservados» típicos de la época romántica que se solían dar en clubes sociales o casinos, como fue en su época el bar de la localidad.

10. Relieves y tallas orientales.

Por último, en el Museo de la Erótica (Barcelona) podrás encontrar, entre muchas otras cosas, bajorrelieves de los templos de Kajuraho (India), donde se expresa el arte escultórico tántrico de la India, tallas eróticas japonesas de hueso del siglo XIX así como tallas de madera mostrando diferentes posturas del Kama Sutra.

10 maneras de **menear** a un chico

Masturbar a tu hombre con las dos manos es lo más simple, pero hay algunas variantes...

1. Tirando del frenillo
Es la manera a la que anima Sade: sin recubrir el glande, pero tirando suavemente su piel hacia abajo para ejercer una tensión sobre el frenillo.

2. Recubriendo el glande
La forma más corriente, se cubre, se descubre, el resto es una cuestión de ritmo.

3. Con dos manos alrededor del asta
Las dos manos hacen un forro, muy caliente.

4. Con dos manos, una sobre el asta, la otra sobre los testículos
Dos movimientos diferentes ofrecen dos sensaciones diferentes.
Los testículos se acariciarán y se cogerán cada vez con más firmeza.

5. Con «postillonage»
Una mano se mueve, la otra se desliza en el ano.

6. Sobre el glande
La mano sólo acaricia el glande, para ello es mejor lubrificarse la palma de la mano...

7. Con los dedos en anillo
El pulgar y el índice en anillo, apretados alrededor de la base del glande.

8. A través de un tejido
Para reencontrar las sensaciones de la masturbación a través de un pantalón, con un fular, una toalla, etc.

9. Debajo de la ducha con jabón
El jabón bajo la ducha permite un movimiento amistoso y una suavidad de la que no es necesario abusar, cuidado con las quemaduras.

10. Con los pechos
Alternar la masturbación y la «corbata de notario» es un gran arte.

10 piezas de ropa interior indispensables en un **fondo de armario ideal** y las maneras de utilizarlo

Para seducir no es necesario estar desnuda. Pero aunque cualquier cosa sirve, debes saber jugar con el arsenal de complementos que existen...

1. El string
Esta braga reducida a la mínima expresión, en un estriptis debe convertirse en un instrumento que permita simular la masturbación, haciéndolo deslizar en la hendidura del sexo.

2. La braga abierta
Su uso es evidente, permite estar un poco vestida y a la vez ofreciéndolo todo. Se trata de esconder su presencia el mayor tiempo posible para que su aparición sea una bella sorpresa.

3. Las medias que se aguantan solas
Permiten estar completamente desnuda y no obstante vestida según las fantasías masculinas más corrientes en el último siglo. Ideal para construirse un traje de novia desnuda, con un velo y un corpiño...

4. El tanga
Esta braga alargada se puede levantar, entreabrirse, especialmente para permitir una sodomía amena en la que las sensaciones estarán acrecentadas por la presencia de este trozo de tela.

5. El sujetador con aros y sin copas

Madonna lo popularizó después de un célebre desfile para Jean-Paul Gaultier. Les senos están desnudos, pero sujetos, guardan su prestancia guerrera a pesar de todas las posiciones que adopten en el transcurso del asalto.

6. El boxer

Dando un aire masculino a las nalgas, el boxer revelará las inclinaciones homosexuales de tu amigo y puede que te pida una sodomía. Ideal para realizar una fantasía de cambio de género.

7. El corsé

El gran clásico de la lencería erótica, presente en todas las fantasías y escenarios, es ideal para resaltar el busto, sea cual sea su talla. Deshacer lazos anudados durante horas añade variedad al placer de la espera...

8. El picardías

Encantador, casi infantil, con su aire de inocencia, pero dejando ver las nalgas desnudas...

9. Las pantis

Esta pieza de ropa interior es frustrante, cubriendo muslos y nalgas, decorándolos con lazos rosados, blondas y puntillas... ¡Aunque casi siempre llevan una abertura!

10. El liguero

Realza la figura pero no disimula nada. Es ideal para embellecer la desnudez. Será lo último que deberás quitarte, ¡si es que llegas a quitártelo!

10 maneras de adornar un **sexo masculino** en erección

Añade algunos ornamentos a un sexo en erección y tendrás una vara digna de una gran fiesta.

1. **Con un lazo rosa**
   Un precioso lazo rosa de ropa, Casanova cerraba así sus preservativos, es bonito.
2. **Con un cockring**
   Una buena argolla de cuero, reluciente por las «lágrimas» de placer de la chica.
3. **Con un condón de color**
   De color o fluorescente, con pequeños relieves o formas moldeadas.
4. **Con una argolla vibradora**
   Es un juguete erótico, pero también es decorativo.
5. **Con una cadena de oro**
   Un nomeolvides para el pene, de primera.
6. **Con un abrigo para el pene**
   Aunque también lo encuentras en las tiendas de bromas y disfraces... ¿Por qué no tricotarlo tú misma?
7. **Con un *piercing* erótico**
   Para hombres realmente atrevidos.
8. **Con un taparrabos o estuche para el pene**
   Para muchas civilizaciones es un básico en el vestuario masculino de los hombres de la selva. Imitarlos es decorar su sexo con hojas de banano o con un cilindro de madera...
9. **Con miel**
   Para satisfacer a las golosas.
10. **Con un poco de pintalabios**
    Es la decoración más divertida de aplicar.

10 lugares de vuestra casa que podéis adaptar para vuestros delirios eróticos

Después de haber agotado los placeres en todos los rincones de la habitación, hay que conquistar el resto de la casa.

1. La cocina
Cuidado con los tenedores y con el gas encendido. Aparte de eso, mesas y bufetes sólidos serán buenos soportes para las piruetas.

2. El lavabo
Ideal para hacer el amor cuando los invitados se eternizan, ahí no van a venir a buscaros.

3. El baño
Templo de la voluptuosidad. Un baño espumoso es relajante «antes», pero también puede ser un buen terreno de juego. Aunque una ducha, en compañía, es lo mejor para unos cuantos arrumacos estimulantes.

4. El vestidor
Perderse en un mar de vestidos para jugar al amante encerrado en el armario que su dueña va a ordenar. Interesante y nada despreciable la presencia de grandes espejos que permiten verse de cuerpo entero.

5. El salón y sus mullidos sillones
Cada rincón de un salón confortablemente amueblado debería poder convertirse en escenario de tórrido erotismo. Los sillones y canapés deberán escogerse siempre según este uso.

6. El garaje
Si dudamos en hacer el amor en el coche porque está aparcado al aire libre, resguardados en el garaje no tendremos de qué preocuparnos; eso sí, que esté bien cerrado, claro.

7. La lavandería
Es divertido, una lavadora que vibra...

8. El balcón
Un balcón protegido de las miradas es el lugar ideal para hacer el amor fuera, al aire libre, con el frescor de madrugada, por ejemplo, después de una noche de juerga. Con que sea un poco amplio, podréis amueblarlo para el momento.

9. El comedor
¡La ballesta atendida por una chica desnuda de rodillas bajo la mesa! Un clásico del erotismo ¿por qué privarse?

10. Y volver a la habitación, pues claro, ¿por qué no?
Ya que en una habitación no sólo hay una cama, también hay un armario con espejos, un sillón que os espera con los brazos abiertos...

10 amantes en serie

Hombres y mujeres tienen de media una decena de compañeros sexuales a lo largo de su existencia, algunos dragaminas empedernidos o algunas muchachas algo descaradas sobrepasan alegremente el centenar... Y después vienen los amantes en serie, los donjuanes y su versión femenina, los coleccionistas de carne fresca. He aquí una muestra, establecida por el mensual *Max*, de algunos de ellos y ciertas de ellas...

1. Annabel Chong en 1995 hizo el amor con 251 personas en menos de 24 horas, o más exactamentet 251 hombres la penetraron durante un *gang-bang* que la traumatizó de por vida... Fuera de concurso.

2. El rey de Tonga, **Fatafehl Paulah**, empezó a desflorar a todas las jóvenes vírgenes de su reino, esto lo llevó a forzar a unas 37.800 muchachas entre 1770 y 1784, o sea, unas siete u ocho por día...

3. La Dubois, actriz francesa del siglo XVIII, llevaba al día un pequeño carné para contar sus amantes, nunca menos de dos por día, es decir, más de 16.000.

4. El actor de pelis X **John Holmes**, protagonista de unas 2.274, habría hecho el amor con 14.000 compañeras diferentes.

5. La cortesana **Ninon de Lenclos** (1616-1705), que enseñaba a sus jóvenes amigos «la bonita manera de hacer el amor», tuvo cerca de 5.000 amantes.

6. Mesalina, mujer del emperador Claudio, al que no fue muy fiel, salía cada noche por las calles de Roma para darse a los hombres que pasaban, casi 8.000 en total.

7. La actriz de cine X **Houston** bate el record de *gang-bang* en 1999 haciéndose penetrar por 620 compañeros antes que su colega Cléo no alcanzara el fatídico listón de las 1.000 penetraciones...

8. El sexólogo **Alfred Kinsey** dice haber encontrado como tema de estudio a un hombre que afirmaba tener de media una treintena de contactos sexuales por semana durante treinta años y unas 52.000 compañeras, mayoritariamente prostitutas.

9. En su autobiografía, el jugador de baloncesto **Wilt Chamberlain** pretende haber hecho el amor con casi 20.000 de sus jóvenes seguidoras.

10. Julia, hija del emperador Augusto, pasa por haber intentado descubrir el placer haciéndoselo con 5 ó 6 hombres cada día, cosa que le permitió «conocer» a 80.000 amantes.

10 etapas de un **buen estriptis** «clásico»

Desnudarse siguiendo los consejos clarividentes de madame Lola B, autora de una guía titulada *l'Art du strip-tease* (1993). Punto de salida: una cazadora de cuero, unos guantes, una falda...

1. Los guantes
Los estriptis clásicos siempre empiezan así. Quitarse los guantes debe mostrar el aperitivo de lo que vendrá después, el lento descubrimiento del antebrazo dará una idea de la manera en que te descubrirás toda entera... Como Rita Hayworth en Gilda.

2. La cazadora
Una sola forma de deshacerse de una cazadora de cuero, según Lola B. «Inclina el pecho hacia adelante. Este movimiento debería ser suficiente para hacer deslizar la cazadora...»

3. La blusa
Lola B aconseja sacarla sin miramientos de la falda, «... ondea la ropa por encima de tu cabeza... ».

4. La falda
La falda una vez desabrochada hay que bajarla con «las dos manos planas sobre los muslos». Una vez la falda en el suelo, lanzarla con la pierna sin tan sólo mirarla.

5. La primera media
Lola B aconseja quitarla estando sentada... lo peor es volverse a poner los zapatos de tacón de aguja.

6. La segunda media
Lola sugiere una gran interpretación. La *estríper* está estirada en el suelo, en bragas y sujetador, con la pierna estirada hacia el cielo. Una

vez se habrá quitado la media, la hará girar como una honda antes de lanzarla a lo lejos.

7. El liguero

Quitarlo no es nada, antes se deberá jugar con él, para hacer durar el placer, como el velo de una chica de harén, acariciarse el vientre con él y después el pubis, y luego lanzarlo a lo lejos también.

8. El sujetador

Es uno de los grandes momentos. Lola aconseja desabrocharlo girándose lo más lenta y sinuosamente posible, de espaldas al público. Y después mantenerlo durante largo tiempo abrazado sosteniendo y escondiendo los pechos con los brazos cruzados. Al final habrá que hacerlo resbalar, desvelando el esplendor del pecho, envolviendo las muñecas como unas esposas de puntillas.

9. La danza de los pechos

Es el momento de enseñar los pechos y de jugar con ellos, para hacer subir todavía más la tensión antes de quedarse totalmente desnuda. Levantando los brazos sabiamente se puede dar una curva y un movimiento perfectamente erótico, moverlos en una danza lenta y exasperante.

10. Las bragas

Sólo queda quitarse las bragas, todavía de espaldas, después de haber jugado interminablemente con los nervios del espectador, descubriendo y escondiendo la nalga derecha y la izquierda, sin descubrir nunca el pubis. Y luego bajarlas ofreciendo las nalgas a las miradas, inclinarse abriendo las piernas hasta enseñar el sexo... Y girarse para la sorpresa final.

10 cosas a tener en cuenta para rodar una **película X**

Ovidie, una actriz, realizadora y escritora, autora de *Atrévete a filmar tu propia película X*, ha reunido los principales consejos para aquellos y aquellas que estén tentados por la aventura.

1. ¡Asegurarse de **la legalidad del rodaje**! Esto no es glamour pero es esencial: los actores deben ser conscientes del hecho que sus retozos pueden ser mostrados y difundidos y su consentimiento debe estar certificado.

2. El decorado hay que escogerlo según vuestros medios, pero también según el criterio erótico. Salones y habitaciones deben estar decorados para la ocasión: las tonterías y los muebles inútiles estarán excluidos del campo de la cámara.

3. La duración del rodaje de las escenas es evidentemente más largo que un encuentro sexual «normal». Ovidie afirma: «preveed de una hora y media a tres horas desde el inicio del acto sexual (una felación, un cunnilingus, etc.) hasta el final, normalmente la eyaculación.»

4. Los actores y las actrices, por lo general, deben **depilarse los órganos genitales.** Ovidie aconseja a los hombres afeitarse el pubis utilizando el protector de corte de su maquinilla eléctrica...

5. La higiene, evidentemente debe ser perfecta: «¡Limpiaros todos los rincones con un jabón íntimo!». En cambio Ovidie desaconseja limpiarse los dientes antes de los rodajes para evitar que eventuales sangrados de las encías sean una puerta abierta a las ETS en casos de contacto bucal.

6. El maletín de trabajo de una *pornostar* incluirá una caja de preservativos, toallitas húmedas para refrescar las mucosas, toallitas de celulosa para limpiar y hacer desaparecer los rastros de esperma inmediatamente después de la eyaculación del actor sobre su compañera, lubrificante y un poco de maquillaje...

7. El guión de una película X a menudo es una caja de cerillas, pero tiene que haber unos mínimos para definir el papel de cada uno: una relación adúltera en el lugar de trabajo, orgía improvisada, etc., del mismo modo se debe prever cómo evitar las incoherencias en la secuencia de las escenas de sexo.

8. La erección del actor es «el» problema. Ovidie dice que sólo se quedan los que «se empalman» por encargo... Hay algunas técnicas, la mayoría con la ayuda de drogas y por ello nocivas. Según Ovidie, el único método «natural» y eficaz para mantener interminablemente una erección consiste en masturbarse para llegar «a dos dedos» de la eyaculación y después bloquearla comprimiendo la verga... Todo un arte.

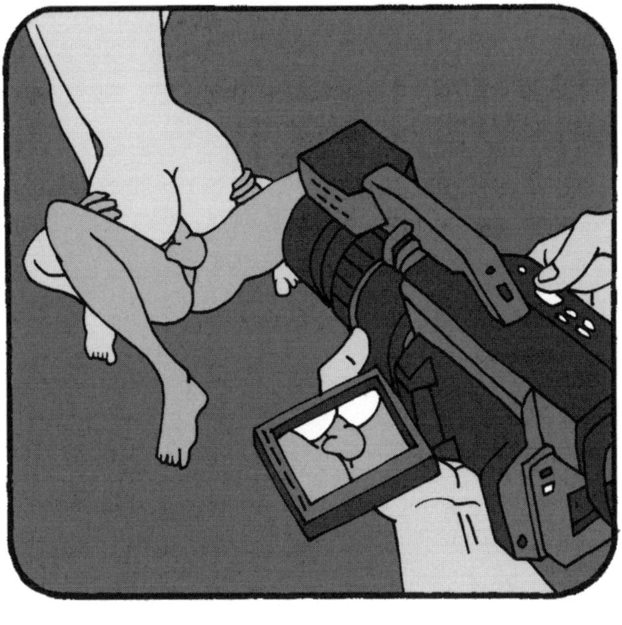

9. Las posiciones sexuales en la pantalla no son iguales a las de la vida real ya que lo que importa es su espectacularidad. Pasa lo mismo con el «cara a la cámara», la mujer empalada sobre el hombre sentado bajo ella, o la «cuchara», son posturas privilegiadas porque permiten filmar la penetración a la perfección en un plano panorámico tanto como en un primer plano.

10. La eyaculación final... Lo peor es poderla mantener el mayor tiempo posible mediante la presión de la verga. La eyaculación es casi la firma de la escena. Ovidie aconseja a los actores ponerse de acuerdo con anterioridad con sus compañeras sobre el «punto de caída» del chorro de esperma: pechos, vientre, cara...

10 ejercicios de **gimnasia** erótica

En el cuerpo hay que ejercitarlo todo, incluido el sexo, tanto chicos como chicas.

1. El interés por muscular el perineo de los chicos
Cuanto más tonificado esté el perineo, mejor sabrá retener su eyaculación durante más tiempo y mejor será su erección.

2. Ejercicio práctico al orinar
El ejercicio consiste, en ambos sexos, en bloquear varias veces el chorrito de orina en el momento de la micción. El «stop-pipi» se recomienda a las mujeres después de un embarazo.

3. Ejercicios diarios
Una vez identificados los músculos que se contraen en el transcurso del «stop-pipi», bastará con reproducir el ejercicio (¡sin hacer pipí!) varias veces al día: se puede practicar el movimiento con toda discreción en cualquier momento (en la cola del supermercado, en la parada del autobús, sentados delante del ordenador, etc.). Los músculos se tonificarán con rapidez.

4. Ejercicios para chicas
Introducir un dedo en la vagina y contraer los músculos para «apretar» ese dedo. Tonificación perineal garantizada.

5. En el momento de una penetración vaginal

Contraer los músculos vaginales alrededor del pene, repetir el movimiento una decena de veces antes de hacer una pausa. Es una gimnasia para la chica ¡y una gozada para el chico!

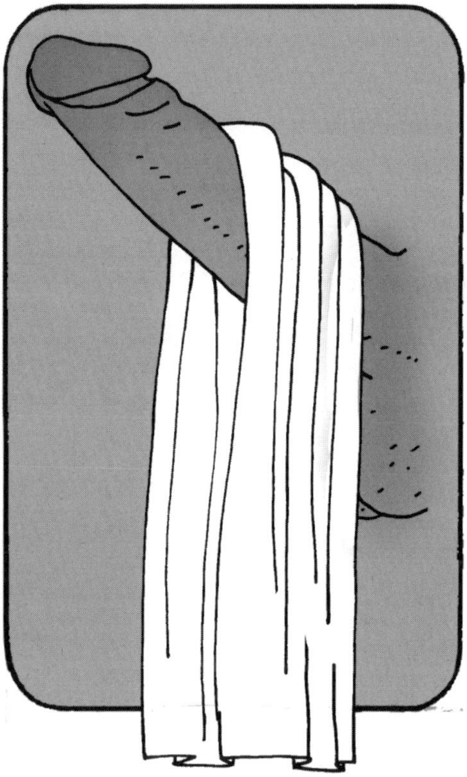

6. Precisamente, lo mismo para los chicos

Después de la penetración, el hombre contrae los músculos del perineo moviendo así el pene en la vagina.

7. Ritmo de las contracciones

Podéis hacer las contracciones a cámara lenta, tres segundos, y ¡hop! relajarse, a cámara rápida, apretar y relajar tan rápido como se pueda,¡hop, hop, hop!, y empujando hacia abajo como para hacer pipí.

8. Gimnasia sagrada

Las bailarinas sagradas de los templos hindús se entrenaban para pasar un examen en el transcurso del cual debían demostrar una perfecta maestría de su cuerpo. Uno de los ejercicios de ese entrenamiento consistía en «seccionar un falo de una pasta moldeable con los músculos de su vagina».

9. El *mula bandha*

Es un método hindú que permite tomar conciencia de la región anal. Hay que contraer sus músculos partiendo del primer esfínter del ano, el externo, hasta el elevador del ano, intentando aspirar hacia el interior y luego apretar tan fuerte como se pueda durante al menos seis segundos y distender. Y repetir al menos cinco veces se-guidas...

10. Que la fuerza...

Es un ejercicio absurdo, pero eficaz: levantar un objeto con la verga erecta contrayendo los músculos del perineo.

10 buenos USOS del «aquí te pillo, aquí te mato»

El «quiqui», el sexo rápido, aquí te pillo, aquí te mato... Se trata de un ejercicio que puede parecer frustrante, salvo que permita resolver inmediatamente una situación de un erotismo insostenible... Entonces, el sexo rápido genera buenos recuerdos. «¡Ah! Aquella vez que me lo hice con Luis en el almacén... ¡creí morir!»

1. En el ascensor
De pie, cara a cara o en semiperrita, él de pie detrás de ella que está inclinada. Mejor retener «antes» el ascensor.

2. En la oficina (1)
Sobre el escritorio, ella con el busto lánguido entre resúmenes, él en pie detrás de ella.

3. Bajo tu casa
En la entrada del edificio, prestando atención al interruptor.

4. En el aparcamiento
En el asiento trasero del Twingo, con las ventanillas cerradas, aunque pocas veces antes de las dos de la madrugada.

5. Esperando a los invitados
No importa en qué lugar del piso, pero teniendo cuidado con su traje y su peinado. Cuidado también con los restos de esperma sobre la camisa en caso de felación.

6. En los servicios del restaurante

Más difícil si no son mixtos. Lo peor es poder salir discretamente.

7. En su habitación de adolescente

Mientras tus padres charlan con tus suegros en el salón. ¡Con las ganas que tenías de hacerlo sobre esa cama estrecha bajo el póster de Marilyn Manson!

8. En la oficina (2)

En el archivo. Ideal, nadie va por ahí y a veces se cierra. De pie.

9. En las duchas de la piscina

Uno ya está desnudo pero, ¿es realmente mixta? Hay que escoger piscina en función de las posibilidades que ofrece.

10. Paseando

No importa por dónde, por el campo, por el mar o la montaña, la ocasión hace al ladrón.

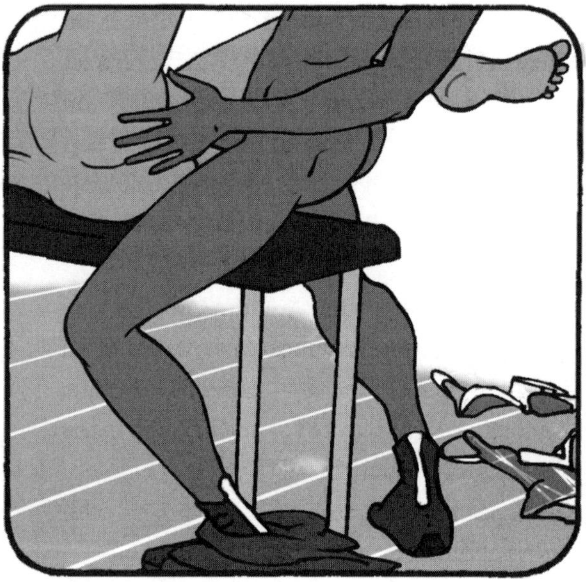

10 joyas eróticas

Desde la noche de los tiempos, hombres y mujeres han decorado su sexo o sus pechos. ¿Por qué no imitarlos?

1. La cadena de pecho
Cadenita que une los dos pezones y que se fija con unas simples pinzas temporales o bien por unos *piercings* practicados en las mamas.

2. El *barbell*
Se trata de una barra de metal precioso que atraviesa el pezón. Puede complementarse con un anillo o una estrella de metal, como en el pecho de Janet Jackson.

3. Los anillos de clítoris
Unos simples pendientes de aro pueden decorar el capuchón del clítoris, más bien el capuchón que no el clítoris mismo, pues sería una fuente de sufrimientos inútiles.

4. El Príncipe Alberto
Es el *piercing* masculino más espectacular, un anillo que atraviesa el glande saliendo por la uretra. Se cuenta que el marido de la reina Victoria llevaba uno, de ahí su nombre.

5. La cadena de cintura
Nada más sencillo, justamente una cadena alrededor de la cintura para subrayar su esbeltez y revalorizar la bella curva de la barriga.

6. El anillo de pene
Es una joya un tanto ridícula que, generalmente, sirve más para reforzar la erección de quien lo lleva que como ornamento.

7. Las perlas

Unas perlas se pueden abrochar en los pezones, ya sea mediante un *piercing* o con la ayuda de unos clips, queda bonito. También se pueden colgar de la entrepierna.

8. La estrella

Janet Jackson la ha popularizado: se trata de una joya metálica que se superpone a la aureola encastándose a ella mediante un *piercing* de mama. De tendencia amazona guerrera.

9. Los anillos labiales

Los labios mayores ofrecen un lugar ideal para los *piercings* genitales de más bello efecto. Brillará en la noche desde el momento en que vayas a desnudarte.

10. El Rosebud

El Rosebud se parece a un *tee* de golf y se desliza en el ano. Una piedra preciosa ornamenta la parte que sobresale...

10 **posiciones** básicas

y sus variantes más graciosas

Las posiciones sexuales son tan innumerables como banales... Aunque las más simples ofrecen unas variantes divertidas.

1. El misionero
La variante más simple consiste, para el hombre, en pasar una de sus piernas entre las de su compañera, permitiendo una penetración más profunda y más lánguida en posición medio acostada.

2. La Andrómaca
Andrómaca cabalgaba así a su amante. Inclinando el torso hacia adelante, o alejándose hacia detrás, la jinete modificará el ángulo de penetración del dardo de su caballo guerrero...

3. La cuchara
Esta posición a la perezosa se puede variar radicalmente en el momento que él, abandonando el sexo de su compañera, se desliza dentro de su ano abierto, sin tan siquiera cambiar de posición.

4. La perrita
La perrita puede bajar sobre su vientre, entonces su compañero podrá doblar sus asaltos, su peso dará más fuerza a cada golpe de riñón.

5. El 69
En el momento que los dos amantes están uno encima del otro, por poco ligera que sea ella, él podrá empujar con las dos manos la pelvis de su amante y levantarla suavemente para lamerla ingrávidamente.

6. La Andrómaca invertida

Ella puede adoptar una posición vista a menudo en las pelis porno poniendo sus pies sobre las rodillas de su compañero apoyándose en ellos.

7. Las piernas elevadas

En lugar de tener las piernas de su amante a cada lado de la cara, el hombre puede ponerlas sólo a un lado, el efecto será que se apretará más su vagina al cerrarse más las piernas.

8. La felación de rodillas

Se necesita muy poca cosa, sólo estar de rodillas «por el lado» y no cara a tu compañero para modificar las sensaciones en tu boca y sobre su glande, «succionar bajo otro ángulo».

9. La mujer estirada sobre el vientre

Apretando las piernas, ella le ofrecerá una vagina reapretada a la que él tratará de deslizarse entre sus nalgas, esto acrecentará las sensaciones tanto de uno como del otro.

10. Entre los pechos

La corbata de notario o la cubana puede ser practicada cuando ella está estirada de espaldas a un banco y él estando de pie con las piernas a los dos lados del banco.

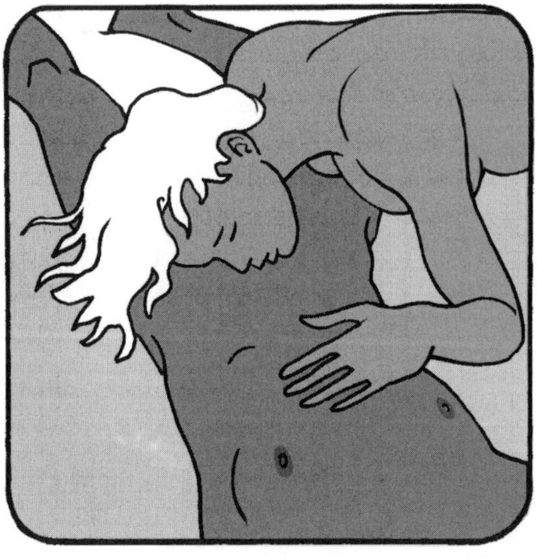

10 fantasías femeninas

y algunas maneras de darles forma

Miles de encuestas y sondeos han intentado inventariar las fantasías femeninas. Aquí os presentamos las que se evocan con más frecuencia. Algunas de ellas son bastante fáciles de realizar, será cuestión de probar ¿no? Pues según diferentes encuestas, las mujeres...

1. En un 65 %, estarían anhelando realizar una fantasía en un lugar desierto y salvage.
2. Sólo el 9 % desearían realizarlo en un lugar público.
3. el 3 % en su lugar de trabajo.
4. Destacamos que el lugar de trabajo seduce dos veces más a las categorías socioprofesionales superiores (el 6 % contra el 3 %).
5. El 8 % desearían hacer el amor con una celebridad.
6. El 18 % se sienten atraídas por la idea de «estar embadurnadas con todo tipo de alimentos por todo el cuerpo».
7. El 12 % desearía ser la favorita de un harén.
8. El 27 % desearía en general «sazonar su vida sexual».
9. El 12 % desearía hacer el amor con un desconocido.
10. Para terminar, el 8 % de las mujeres piensan que una fantasía debe sin duda satisfacerse...

10 cosas estrictamente **prohibidas** por la ley

En materia de sexualidad ¡todo no está permitido! Uno se expone a sanciones severas y justificadas en caso de prácticas violentas o fundamentalmente inhumanas... Hay unas prohibiciones y esto está bien. Entre ellas:

1. La violación.
2. El incesto.
3. La necrofilia.
4. La pedofilia.
5. La exposición de un menor a la pornografía.
6. La bigamia.
7. El *barebacking* (contaminación voluntaria por el sida).
8. Poner en peligro a los demás.
9. Atentar contra la integridad física.
10. La zoofilia.

10 pequeñas historias eróticas de los **grandes autores**

Tus estudios de letras te han fastidiado soberanamente, aunque la facultad se revelara como el lugar ideal para ligar y beber. Tus recuerdos de Historia y Antología de la literatura en el instituto son todavía peores... Sin duda no te contaron lo mejor.

1. Fernando de Rojas

En La Celestina (1499), la sexualidad no es cosa privada. Así, la vieja alcahueta quiere asistir como testigo experto al acto sexual de Pármeno y Areusa, y a Melibea, ya loca de amor, no le importa que su criada Lucrecia esté presente en el huerto mientras hace el amor con Calisto. En su último contacto con Calisto dice Melibea: «Deja estar mis ropas en su lugar (...) Holguemos y burlemos de otros mil modos que yo te mostraré; no me destroces ni maltrates como sueles. ¿Qué provecho te trae dañar mis vestiduras?» —Calisto responde al tratar de desnudarla— «Señora, el que quiere comer el ave, quita primero las plumas».

2. Honoré de Balzac

Un día Balzac escrivió a Mérimée: «Mi querido Prosper ven esta noche a casa de Laurent Jan, en el núm. 23 de la calle des Martyrs, habrá algunas blenorragias bien vestidas». En efecto, según Hervé Manéglier, autor de Les Artistes au bordel (1998), al final de la cena aparecían varias mujeres: «Laurent Jan había hecho bien las cosas. Les serían ofrecidas, como en el salón de un burdel, seducciones para todos los ojos y voluptuosidades para todos los caprichos. Había una bailarina desnuda bajo unos velos de seda, falsas vírgenes, pero que respiraban una religiosa inocencia, bellezas aristocráticas, reservadas pero indolentes y una Inglesa blanca y casta.»

3. Victor Hugo

Se vanagloriaba de haber hecho el amor cinco veces a Juliette la noche de su boda. Evidentemente, tuvo numerosas amantes, entre las cuales la actriz tragicómica Sarah Bernhardt. Ella se jacta de eso en sus Mémoires. Un día que salía de casa del escritor con el vestido arrugado y el pelo desaliñado, una de sus amigas le preguntó qué le había podido pasar: «Pasa que acabo de recibir el abrazo de un león».

4. Guy de Maupassant

El escritor Paul Bourget explica que «un día Maupassant lo invita a hacer el amor con una de sus amantes que estará enmascarada para la ocasión. Es, afirma, la esposa de un universitario y ella no quiere ser reconocida. En efecto ella llega, con un antifaz en el rostro, y se desnuda con un golpe de mano. Delante de ese cuerpo bruscamente desnudo, Paul Bourget estupefacto se desviste. Entonces la mujer, decepcionada, llama a Maupassant: "¡A mí fauno mío!" y se le echa encima, con boca golosa. Acurrucado en su rincón, el autor de El discípulo asiste, incómodo, a una escena de copulación salvaje».

5. Gustave Flaubert

Flaubert, en marzo de 1864, fue a visitar con los hermanos Goncourt la pequeña «cripta pornográfica» que su amigo el escultor Dantan había instalado en su habitación de hotel de la calle Blanche. Así lo cuentan: «Guirnaldas de partes genitales moldeadas, consoladores, tazas de té con formas fálicas, huellas de hermafroditas, direcciones de burdeles, legiones de fotografías de desnudos» y en la pared «74 culímetros, midiendo la boca y el culo de mujeres de renombre».

6. Juan Ruiz, Arcipreste de Hita

El Libro de Buen Amor (1330) es una autobiografía ficticia del autor en la que relata sus amores con distintas mujeres: una monja, una mora, una mujer de alta posición, varias serranas, etc., ayudado por la Trotaconventos. «Como dice Aristóteles, cosa es verdadera/el mundo por dos cosas trabaja: la primera/por tener mantenencia; la otra cosa era/por tener juntamiento con hembra placentera.» Después añade que el hombre desea más que cualquier otra criatura «compañía siempre nueva», y que él mismo probó varias veces el amor de las mujeres, puesto que es bueno «saber bien y mal y usar lo mejor».

7. Alfred de Musset

«Una noche de setiembre, en un pequeño restaurante de la calle de la Draperie, en compañía de Delacroix, Sutton Sharpe y Mérimée», sin olvidar a Horace de Viel-Castel, que lo cuenta en sus Mémoires «[Alfred] había bebido más de lo razonable, como era de costumbre. [...] Entonces, "en un arrebato de frenesí sexual y teatral", [él] había lanzado ese desafío inverosímil de un espectáculo afrodisíaco y realmente imperial, digno de la Roma decadente, de "tomar a una chica en medio de veinticinco velas". Cosa que fue incapaz de hacer».

8. Théophile Gautier
Desde Italia envió a su amiga la Presidenta una famosa carta (Lettre à la Présidente, 1850), donde describía los pechos de las romanas: «Dos mapamundis que llevan por delante, un segundo culo aplicado sobre el estómago.» Su correo se terminaba con algunas increpaciones como «Respondes con un cabeceo de clítoris a la pava que te va a meter este pollo», o «Pueda mi esperma brotar hasta la calle Frochot, desde mi casa, parabólicamente, en tus cabellos pelirrojos y sobre tu espejo».

9. Prosper Mérimée
Deseaba aprovechar los favores de George Sand, un día al fin, ella lo deja subir a su célebre buhardilla azul, sobre el Sena. George pasa a su cuarto de baño y se viste para causar un gran efecto en Prosper: camisa de hombre, corbata, redecilla española... Desgraciadamente el pobre chico, tetanizado por los ardores de esta mujer extravagante, ¡ni se empalma! Este gatillazo es casi el más célebre de la Historia. George lo explicó con detalle a Marie Dorval, quien se lo volvió a contar todo a Alexandre Dumas, que se prodigó en bromas escabrosas sobre el pequeño tamaño del sexo de Prosper. Mérimée llamó a este sombrío evento «la noche infructuosa que se perpetuó célebre». Para defenderse dijo que George era casi un ganso blanco, incapaz de suscitar la mínima emoción masculina: «Tampoco me supo menear». ¡Qué lejos estamos de Colomba!

10. Mario Vargas Llosa
Acerca de los excesos del mundo del deseo dice: «El placer absoluto no es posible sin la transgresión de ciertas normas que todo individuo que busca la realización de sus deseos afronta tarde o temprano». En El elogio de la madrastra (1988) el autor narra la progresiva seducción de Lucrecia, la madrastra de Fonchito «el precoz libertino» de 8 años de edad: «¿Era imposible que la caricia inconsciente de un niño la pusiera así? Te estás volviendo una viciosa, mujer».[...] Tú eres la de los pensamientos sucios y escabrosos, Lucrecia». Con sus fantasías eróticas y nocturnas, Lucrecia acepta inconscientemente la transgresión que se manifiesta cuando descubre al niño espiándola y se exhibe desnuda, provocadoramente «con imágenes de una intimidad que harían trizas (...) esa inocencia que le servía de coartada para sus audacias».

de locura

10 cosas divertidas para hacer con la **comida**

¿Con la comida no se juega? ¡Pues claro que sí!

1. **Con miel** que uno lame sobre los pechos de su compañera.
2. **Con champán** con el que rociarse el cuerpo poniendo cara de eyacular.
3. **Otra vez con champán** que lo derramamos sobre su sexo para una «golosina burbujeante».
4. **Con frutas** con las que cubrirse los pechos y el sexo para confeccionarse un bikini para comérselo.
5. **Con bollería** en forma de sexo que habréis cocinado al horno.
6. **Con el hueso de la rabadilla** de un pollo que romperéis imponiendo una prueba erótica a quien tenga el trozo pequeño.
7. **Con leche** con la que llenaréis la bañera, como Cleopatra, antes de zambulliros en vuestros escarceos.
8. **Con aceite de oliva** para masajear el cuerpo de los amantes.
9. **Con mermelada** que vais a lamer delicadamente sobre el glande amigo.
10. **Con un pepino** que se esculpe, como último recurso, para darle forma de lo que falta.

10 maneras **de embellecer** vuestro estriptis

Las grandes estrellas del estriptis han inventado algunos trucos fáciles de seguir en los desnudos conyugales. Selección:

1. El sombrero de copa

Un clásico, la chistera, que se lleva al principio del espectáculo simplemente puesta sobre la cabeza, terminará por ser el último atuendo y hará de taparrabos improvisado con el que disimular el mayor tiempo posible el color natural...

2. La barra de exhibición

Esta barra metálica, puesta verticalmente sobre la escena de los cabarets y en ciertos clubs de intercambio, permite tomar poses lascivas, enroscar los muslos alrededor de una columna de metal frío antes de hacer lo propio con una columna de carne palpitante...

3. La luz estroboscópica

De golpe se te ve desnuda, de golpe ya no se te ve. La alternancia de luz viva y de negro total, muy utilizada en los primeros espectáculos del Crazy Horse, juega con los nervios del espectador, frustrando el desnudo ofrecido; por todas partes, da al mínimo movimiento un aire casi sobrenatural.

4. La superposición de bragas

Esta forma de estriptis exasperante fue inventada en el pasado por el grupo de las Mirabelles (un grupo de los años setenta, compuesto por una mujer joven y dos travestis, Nini Crépon y Charles Berling). La artista no lleva una sino más de una decena de bragas de todas las medidas y de todas las formas, unos obstáculos que, cada vez más pequeños, retardan la aparición de su sexo tan codiciado.

5. La silla

Es el accesorio más simple y el más adecuado para un estriptis espectacular y estético. La escena antológica de Marlène Dietrich haciendo de Lola en *El ángel azul* nos da una idea de la sensualidad de las poses que una chica puede realizar en una simple silla antes de empezar a desnudarse.

6. Los cubrepechos

No hay modo más preciso que este para denominar estos objetos de tan variadas formas. Los más conocidos tienen un aire a abalorio de cortina, otros son autoadhesivos y tienen forma de mariposa o simplemente de cruz con adhesivo negro. De ti dependerá simular que te los quitas y no te los quitas, poniendo a prueba los nervios del espectador, antes de arrancarlos con un gesto lúbrico...

7. Los espejos indiscretos

Desvestirse castamente por delante enseñando por detrás a través del espejo lo que simulas esconder, unas pequeñas nalgas ya desnudas, mientras por delante te enganchas a un vestido, mostrando los pechos a través de una abertura de la blusa, etc.

8. Al aire libre

Hay que encontrar el sitio, cierto, pero la misma lentitud erótica al desnudarse toma otro sentido llegando a ser todavía más sexi en un claro entre la naturaleza, a la luz del sol o cerca de una piscina...

9. De uniforme

...Con un traje masculino, de torero, de María Antonieta, de enfermera, de cantante punk, de china, de nudista (no, de nudista no, demasiado fuerte), de abogado, de policía, de Ministra de Cultura, de presentadora televisiva... desnúdate según sus fantasías y sabrá cómo recompensarte.

10. Al revés

«Cuando ella vuelve a ponerse el jersey/Es como un estriptis al revés...» cantaba Claude-Michel Schönberg en *Entre elle et moi*. Cuando te vuelvas a vestir ¿por qué no convertirlo también en una escena tórrida?

10 historias de **virginidad** para recordar

¿Por qué hablar de ella si ya la habíamos olvidado?

1. La virginidad perpetua de María («siempre virgen») es una doctrina proclamada en el Concilio de Constantinopla en el año 68. Antes de eso no importaba.

2. «Es una de las supersticiones del espíritu humano, imaginar que la virginidad pudiera ser una virtud», decía Voltaire, mientras que Balzac escribía «La Virginidad, como todas las monstruosidades, tiene una riqueza especial, una grandeza absorbente».

3. Britney Spears la perdió a los 18 años con el cantante Justin Timberlake, el roquero Ozzy Osbourne a los 14 y su hija Kelly a los 16. Mucho antes que Britney, Brooke Shields fue, en su tiempo, la más célebre de las «vírgenes de Hollywood». En la película *La Petite* (Louis Malle, 1978), encarnaba a Violet, una joven prostituta de 13 años de quien se subastaba la virginidad. Pero en la vida real, habría perdido su virginidad a los 20 años gracias al actor Dean Cain, de la serie *Lois y Clark*, cuando los dos frecuentaban la Universidad de Princeton. ¡Muchas gracias a la prensa amarilla por saber tantas cosas!

4. Paris Hilton perdió su virginidad a los 16 años, en su habitación de adolescente con el hermano de la actriz Tori Spelling.

5. La flor de mirto, blanca, olorosa y solitaria, era el símbolo de la belleza, de la juventud y de la virginidad para los hebreos.

6. En el argot de los truhanes franceses, la virginidad se llamaba «berlingot», palabra que en su sentido inicial quería decir «mercancía todavía sin vender».

7. La función biológica del himen humano todavía es incierta. Los científicos presumen que el himen protege la vagina de las niñas de las infecciones.

8. Los cirujanos afirman que pueden restaurar la virginidad de una futura esposa utilizando dos técnicas para ello. La técnica circular permite pasar un hilo en el himen y cerrar sus bordes creando así un himen anular con una abertura central. La segunda consiste en suturar las dos partes más alejadas del himen subsistente.

9. Según su creador Ian Fleming, fue en *Bon Baisers de Paris* cuando James Bond perdió su virginidad con una prostituta parisina de la calle Blondel... Mientras que Madonna la perdió en el asiento trasero de un coche con un compañero de viaje.

10. Los cuentos de hadas hablan muchas veces de cosas muy distintas a su tema aparente; así, tradicionalmente, perder la zapatilla o el zapato, para una muchacha, es perder la virginidad. ¡Pobre Cenicienta...!

10 nombres **infantiles** para el sexo femenino

Eve Ensier, en su obra *Los monólogos de la vagina,* escrita en 1996, presenta una primera lista de nombres simpáticos para designar el sexo femenino. Si queréis, podéis continuar la lista.

1. Minino.
2. Pio pio.
3. Lengüeta.
4. Gatito.
5. Totona.
6. Piponcita.
7. Castañita.
8. Joya.
9. Peladilla.
10. Pipitilla.

10 actitudes masculinas que podrían favorecer la **eclosión sexual** de sus compañeras

Los hombres con su torpeza son, en gran medida, responsables de la insatisfacción sexual de sus amigas. ¿Qué podrían cambiar? En 2006, según un sondeo de la revista *MarieFrance*, las mujeres deseaban que su compañero.

1. Les preste más atención en el quehacer diario: 33%
2. No insista cuando ella no tiene ganas: 24%
3. La acaricie antes y mucho más: 16 %
4. Sea más tierno después: 16%
5. Retarde su goce para esperar al de ella: 13%
6. Que tenga más imaginación: 12%
7. Le hable más mientras le hace el amor: 10%
8. Hable con más libertad de su sexualidad delante de ella: 10%
9. Renuncie a prolongar exageradamente el acto: 9%
10. Aprenda a conocer mejor su cuerpo: 9%

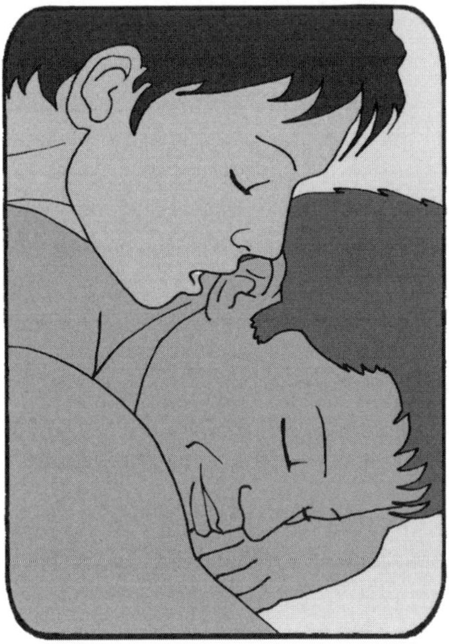

10 **orgasmos** literarios

Si olvidaste todo lo que aprendiste en las clases de literatura, es una lástima. Con un poco más de atención habrías descubierto entre las páginas de algunos grandes autores la narración de los placeres de sus personajes femeninos, así como algunas de sus confidencias más íntimas.

1. Anaïs Nin, en su *Journal de l'amour* (1932-1939), conocía el éxtasis con Henry Miller: «Oh, esa miel que corre, el paroxismo del placer, horas y horas de coito. Las profundidades que yo exigía, lo oscuro, el fin, la absolución. [...] Tengo ganas de gritar como una salvaje, sin palabras —gritos desarticulados, sin sentido alguno, desde el fondo más primitivo de mi ser, gritos que saldrían del vientre a borbotones como la miel. Una alegría llena de lágrimas, que me deja sin palabras, ingenua, conquistada, reducida al silencio...».

2. George Sand explica en sus cartas que sin duda conoció la perfecta armonía sexual con Pagello, un médico italiano que encontró en Venecia en 1834. Su correo no deja lugar al misterio. Con él tuvo unos magníficos orgasmos: «nunca mejor llegué a sentir el vigor y juventud de mi corazón como en la última vez que me colmaste con tus caricias...». Desafortunadamente las cartas que nos podrían haber dado más detalles fueron recortadas tontamente por un heredero pudibundo.

4. En las *Metamorfosis* (hacia 10 a.C.), **Ovidio** relata un orgasmo: «Al final, cuando los dos jóvenes cuerpos unidos disfrutan de su vigor, cuando se estremecen por los primeros ataques de placer, en el momento que Venus está listo para sembrar el campo de la mujer, los amantes se abrazan con fuerza, acoplan sus labios; sus bocas confunden sus alientos [...] se unen íntimamente bajo los lazos del amor, y entonces sus miembros, agitados por el arranque de placer, finalizan con un licor abundante. Finalmente, los flujos acumulados han roto su barrera...»

5. Andréa de Nerciat, autor de novelas libertinas, describe el orgasmo de uno de sus personajes, la truculenta Félicia (1776): «La llama del placer nos extenuó... Un momento después, saboreábamos mejor las dulzuras de la fuente que acabábamos de abrir. Fue entonces cuando poseyéndonos gozamos y así pudimos disfrutar de los gestos cariñosos con los que nos acariciábamos recíprocamente mientras nuestras almas se preparaban para una segunda unión. El mismo instante nos privó de todas las facultades de nuestro ser una vez más.»

6. Santa Teresa de Ávila, en sus tratados de espiritualidad, describió algunos placeres evidentemente místicos... claro. Hacia 1570 escribía: «Cerca de mí percibí un ángel corpóreo, era muy bello; en la mano de ese ángel vi un dardo largo; era de oro y en un extremo llevaba una punta de fuego.» El ángel le hunde ese dardo «en el corazón hasta las entrañas» y al retirarse la deja «ardiente de amor por Dios. [...] Hay entonces entre el alma y Dios un contacto de amor tan suave que no puedo expresarlo.»

7. Colette, en *L'ingénue libertine* (1909), describe las primeras emociones reales de su protagonista: «De pronto juntaba las manos, se las acercaba a su boca tensa, y parecía presa de un infantil desespero... De pronto jadeaba, con la boca abierta, hundiendo sus uñas vehementes en el brazo de Antoine. Uno de sus pies, colgando fuera de la cama, se levantó, brusco, y se posó un segundo sobre el muslo moreno de Antoine que se retorcía de placer... [...] Minne, sentada en el centro de la cama deshecha, siente en el fondo de ella misma la efervescencia de la sangre gozada. No desea nada más, ya no lamenta nada. La vida se muestra ante ella, fácil, sensual, cercana como una amante. Antoine ha hecho el milagro.»

8. Gustave Flaubert fue más discreto al describir los placeres de Emma Bovary (1857): «La tela de su vestido se prendía en el terciopelo de la levita de Rodolfo; inclinó hacia atrás su blanco cuello, que dilataba con un suspiro; y desfallecida, deshecha en llanto, con un largo estremecimiento y tapándose la cara, se entregó.»

9. Sou Nu, amante taoista hacia el año 3000 a.C., ¡lo sabía todo! «Lo primero», decía, «es el placer de la mujer, que podemos reconocer por los cambios que se producen en su fisonomía: inconscientemente aprieta la mandíbula. Suda y su respiración se acelera. Sus ojos se cierran y su rostro se acalora. Su vulva se ensancha y sus secreciones se liberan. De este modo, el hombre se percata que ella está experimentando un inmenso placer.»

10. El primer volumen de la saga *Emmanuelle* (1959), de **Emmanuelle Arsan,** se acaba con un trío descabellado donde la protagonista siente así el placer: «Los dos hombres eyacularon simultáneamente, con el samio en el fondo del cuerpo de Emmanuelle que desfallecía tras otra embestida. Emmanuelle gritó más fuerte de lo que nunca había gritado, al tiempo que el sabor áspero del semen que la inundaba le volvía a la garganta. Su voz rebotaba sobre el agua oscura, sin que nadie pudiera decir a quién se dirigía ese grito: ¡quiero, quiero, quiero!».

10 posiciones «de pie»

Hacer el amor de pie parece que sea trivial, no obstante es una posición que ofrece múltiples posibilidades.

1. El sexo rápido. La mujer está contra la pared, el hombre detrás de ella de pie.

2. La mujer se inclina con un ángulo recto, el hombre está de pie detrás suyo.

3. El hombre está de pie, la mujer está estirada sobre una mesa o un escritorio.

4. La mujer y él están de pie, cara a cara, ella levanta una de sus piernas para enlazar los riñones del hombre.

5. El hombre está de pie, la mujer está en suspensión agarrándose con sus brazos al cuello del hombre y con las piernas alrededor de sus riñones.

6. La mujer hace la carretilla, caminando sobre sus manos, mientras que el hombre la penetra cogiéndole las piernas como una camilla.

7. El hombre está de pie, la mujer lo chupa, como si estuviera suspendida en el aire, sus piernas enlazan el cuello del hombre y reposando sobre sus hombros el hombre le devora el conejo.

8. El hombre está de pie, ella está estirada a un lado, encima de una mesa ofreciéndole sus nalgas.

9. El hombre está de pie, la mujer está arrodillada delante de él, ella lo succiona y ejerce un movimiento de vaivén con el sexo de él entre sus pechos.

10. El hombre está de pie, la mujer lo menea, ella va acordándose de todas las posturas que acaba de experimentar una a una y mira cómo eyacula hacia el cielo...

10 razones **médicas** para hacer el amor repetidamente

Hacer el amor adelgaza un poco, pero esta no es la única razón médica para abusar de ello. ¿Jugamos al Doctor?

1. Según un estudio de la Rutgers University, el efecto de un orgasmo equivale al de dos cápsulas de aspirina para luchar contra el dolor de cabeza.

2. Algunos problemas sexuales, especialmente una discusión con el compañero, disminuyen las defensas naturales. ¡Hay que hacer el amor!

3. El sexo, «como correr» afirma un estudio publicado el año 2000, previene la acumulación de grasas y favorece la eliminación de las toxinas.

4. Hacer el amor, al menos tres veces por semana (estudio del Royal Hospital de Edimburgo), prolongaría la vida unos diez años de media.

5. La estimulación de la zona erógena de los pezones produce una hormona, la ocytocina, que disminuye el riesgo del cáncer de mama.

6. El enamoramiento o locura de amor se ha comparado con una droga en un estudio donde se demostraba que la fotografía del ser amado tenía el mismo efecto de euforia que algunas drogas.

7. Otro estudio en 1997 precisaba que el amor influye en la reducción del riesgo a tener un accidente cardiaco.

8. Un estudio de 1981 demostraba que la tasa de mortalidad entre los que tienen más de setenta años era menor entre los hombres que todavía eran activos sexualmente…

9. Cambiar de pareja supone un latigazo para el organismo, como toda novedad.

10. Vivir en pareja, afirma el neurobiólogo Robert Dantzer, también significa intercambiar microorganismos y esto puede estimular el sistema inmunológico.

10 **homosexuales** famosos

Un poco de historia de la homosexualidad...

1. Ai-Ti
Este emperador chino, que reinó en el siglo I a.C., fue famoso por el respeto y las atenciones hacia su amante Tong-Hsien. Al dormirse éste sobre la manga de su abrigo, antes que despertarlo, prefirió cortar su manga; dicen que desde entonces la expresión «mango cortado» designa a los homosexuales en China.

2. Alejandro Magno
El conquistador era bisexual, coleccionaba amantes femeninas, pero también tenía dos amantes masculinos, Bagoas y Efestion, con los que jugaba a tres bandas.

3. Hans-Christian Andersen
El autor de los famosos cuentos —*La sirenita*— era homosexual, y pudo haber tenido alguna relación con Charles Dickens.

4. Roland Barthes
Al escritor, filósofo y profesor del Collège de France le gustaba la gente joven; estudió la homosexualidad a través de la ambigüedad de los personajes de algunas novelas de Balzac.

5. Gaston Doumergue
Presidente del Consejo, más tarde presidente del Senado, fue elegido presidente de la República francesa en 1924, volviendo a ser presidente del Consejo en 1934. Apodado con el nombre de Gastounet, hasta el día de hoy es el único presidente de la República abiertamente gay.

6. El Padre de Foucauld
Aristócrata, alumno de la escuela militar de Saint-Cyr, se reconvirtió, se ordenó sacerdote y más tarde fundó una misión al sur de Túnez. Uno de sus amigos explica su afición por los jovencitos saharianos con los que compartía su cama.

7. Pierre Loti
Este escritor y viajero era oficial de marina. En su expediente se puede leer: «Se maquilla de forma ridícula...»

8. El mariscal Lyautey
Protector de Marruecos y más tarde ministro de Guerra en 1916. Clémenceau decía de él: «He aquí un hombre admirable, valeroso, que tiene siempre un par de testículos en el trasero... ¡aunque no sean los suyos!»

9. Arthur Rimbaud
Sus aficiones homosexuales y su relación con Verlaine son claramente conocidas. En su diario, Jules Renard anotaba: «¿Los hijos de Verlaine se parecen a Rimbaud?»

10. Jules Verne
En las novelas de Jules Verne hay una ausencia singular de mujeres, por otra parte, los protagonistas a menudo son parejas, un hombre maduro con un adolescente... La vida del autor se vio marcada por un escándalo que hacía suponer que habría intentado mantener relaciones sexuales con su sobrino.

10 historias de **castidad**

Durante mucho tiempo la religión consideró que mantenerse casto era una de las formas más seguras de entrar en el Paraíso...

1. La primera alusión a un cinturón de castidad llevado por una mujer se encuentra en *Le lais de Guigemar* de María de Francia, un poema del siglo XII. Una amante hace un lazo en el bajo de la camisa de su enamorado y éste ata un cinturón de castidad alrededor de la cintura de su amada como símbolo de su compromiso de fidelidad. Se conceden el derecho de amar a aquel o aquella que sea capaz de deshacer el cinturón o la camisa sin cortar o romper los respectivos «cinturones».

2. En la *Histoire universelle de la chasteté et du célibat* (2002), Elizabeth Abbott afirma: «Si la continencia está en el corazón del cristianismo es porque un niño divino nació milagrosamente de una madre humana y virgen [...]. La fijación cristiana por la castidad, la condena de Eva la lujuriosa, la esterilización ideológica de la casta María, el rechazo intransigente al matrimonio de los sacerdotes, dura desde hace veinte siglos...».

3. El cinturón de castidad también tiene su equivalente masculino. Es un dispositivo que encierra el pene y los testículos haciendo imposible la erección y la masturbación.

4. El cinturón de castidad fue usado sobre todo por las mujeres de la Florencia medieval, como elemento disuasorio para un posible atacante durante las guerras o cuando debían viajar. Lo llamaban «Florentinarium hoc bacile dominarium, ferreum etdurum, ab antea sic reserartum». Las «calzas (bragas) florentinas de hierro forjado con cierre».

5. Brantôme (1540-1614), en su libro *La Vie des dames galantes* (La vida de las mujeres galantes), explica que en tiempos de Enrique II un mercader trajo consigo algunos cinturones de castidad en la feria de Saint-Germain. Algunos maridos celosos se los compraron y rápidamente ¡sus mujeres encargaron unas copias de las llaves! Pero muy pronto, todos los que se consideraban honestos se dispusieron a coger los cinturones que todavía no había vendido el mercader y amenazándolo de muerte si volvía por allí con tales artilugios, se deshicieron de los cinturones.

6. Santo Tomás de Aquino se mantuvo casto porque dos ángeles que descendieron del cielo le ciñeron la cintura con el conocido «cordón de santo Tomás», una especie de cinturón anti-sexo que garantizaba el don que Dios le había dado: la pureza perpetua. Esto le valió a Tomás el sobrenombre de «atleta de la castidad».

7. Las vestales eran las jóvenes encargadas de mantener el fuego encendido al culto de la diosa Vesta que había en el foro romano. Estas casi diosas consagradas a la castidad eran enterradas vivas si su voto de castidad se rompía.

8. El hijo de Teseo, Hipólito, juró el voto de castidad, prefiriendo consagrarse a Artemisa (Diana) antes que a Afrodita.

9. La diosa tamula Draupadi debía «mantenerse pura» después de que su marido la compartiera con sus cuatro hermanos. Para probar su castidad, Draupadi debía andar sobre el fuego cada vez que cambiaba de marido.

10. En la Edad Media se pensaba que llevar un colgante de amatista ayudaba a mantenerse casta.

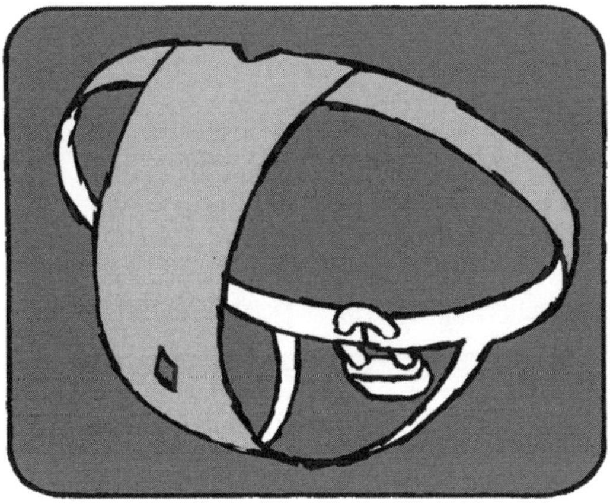

10 **accesorios** de cuarto oscuro o de club de intercambio que debes adoptar con urgencia

Los *backrooms* o cuartos oscuros y los clubs de intercambio están provistos y decorados para facilitar las relaciones sexuales en un ambiente confortable, sensual y transgresor... ¿Por qué no inspirarte en ellos para decorar tu segunda residencia para pasar encantadoras veladas con tus amigos?

1. Un *glory hole*

Se trata de una pequeña abertura redonda practicada en la pared, a un metro del suelo aproximadamente, en la que un hombre desliza su sexo erecto mientras otra persona, hombre o mujer, lo chupa o lo masturba desde el otro lado de la pared.

2. Rincones para darse un revolcón

Ángulos muertos, trasteros sin utilizar o bajos de escalera no faltan en una casa: transfórmalos en rincones calientes, al menos temporalmente, con colchones y cojines cortados a medida y con la forma necesaria para que encajen, recubriéndolos de cuero o escay rojo...

3. Vidrieras transparentes

Para separar una habitación del cuarto de baño, por ejemplo, y pegarse un buen espectáculo desnudos bajo la ducha.

4. Un columpio

Difícilmente se podrá hacer pasar por el columpio de los niños, pero puede ser de quita y pon. Se trata de un tipo de hamaca colgada del techo por cadenas y sirve para hacer el amor en suspensión y sin gravedad.

5. La cruz de san Andrés

Dispuesta verticalmente contra la pared, sirve para atar a los sumisos mientras se los flagela o se les hace el amor. Es aparatoso y difícil de hacerlo pasar por otra cosa. ¡Reflexiónalo!

6. La mesa de ginecólogo

También es aparatosa, pero quien se acomoda en ella ofrece un buen panorama a la vista.

7. Un *pinball*, un *flipper* o la máquina del millón

Este juego tan corriente se utiliza frecuentemente en los clubs de intercambio para revolcones frenéticos. La chica se estira sobre la máquina mientras el chico «flipa» dando golpes de pelvis.

8. Un enrejado

Dos habitaciones separadas por un enrejado puede significar una promesa de juego erótico alocado; podéis jugar al prisionero y la carcelera decidida a darle placer, superando el obstáculo.

9. Un espejo en el techo

Un clásico, algo complicado de poner, pero su uso es muy sencillo: déjate ir y contempla lo bien que te ves ahí en las alturas.

10. El cuarto oscuro

Una habitación completamente a oscuras, provista de colchones por el suelo y tejidos confortables en las paredes, para poder hacer el amor a tientas.

10 excesos de
Catherine M.

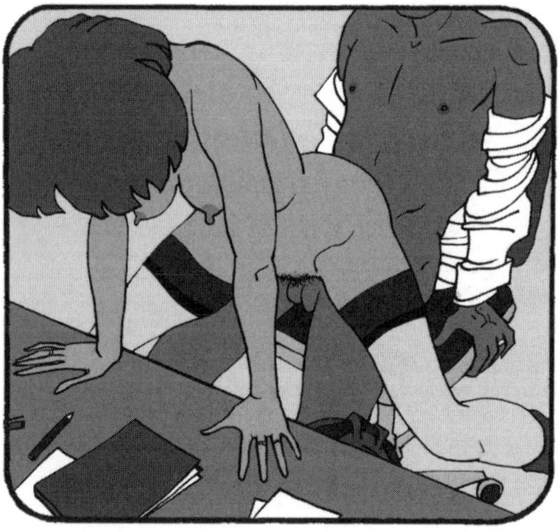

La *vida sexual de Catherine M.* (Catherine Millet, 2001) fue considerado uno de los grandes libros que describen los misterios de la sexualidad femenina. La personalidad de la autora y la crudeza de su narración fue la clave de su éxito...

1. En la sauna

«Una vez estuve —esto no era en casa de Victor sino en una sauna de la plaza Clichy— casi toda la velada en el fondo de un gran sillón que ocupaba el centro de toda la habitación como una gran cama. Con la cabeza a la altura de las partes que se me presentaban, apoyada en los reposabrazos podía chupar, toquetear y menear dos sexos, todo al mismo tiempo. Mis piernas estaban levantadas hacia arriba y, uno tras otro, aquellos que ya estaban excitados se me metían en el coño.»

2. En coche

«Él conducía su descapotable por la carretera de la ronda por encima de Niza», *explica Catherine Millet.* «Quitando una mano del volante responde a la fricción de la mía sobre el bulto de sus tejanos. [...] Él mantiene el rumbo mientras le desabrocho el cinturón. Reconozco el movimiento de la pelvis hacia adelante que el conductor debe efectuar para facilitar el descenso de la cremallera. A eso le sigue la laboriosa liberación de un miembro demasiado voluminoso para encontrar, a la primera, la salida del doble sobre de algodón...»

3. En Perpiñan

«A la entrada de Perpiñan, Jacques aparca el coche en un parking vacío y bien iluminado, al pie de un edificio tipo HLM (de alquiler moderado). [...] Me masturba con tres o cuatro dedos vigorosos. Me gusta escuchar el chapoteo de mis labios mayores inundados; el bullicio me aparta de mis fantasías.»

4. En la campiña

«Arqueo todavía más la espalda y levanto la cabeza para oponer resistencia a la pelvis de Jacques que golpea con empeño mi culo. En esa ladera del montículo en la que estamos, el boscaje ha sustituido a la viña. Cuando mi coño está ya sensible hasta lo más profundo, se me cierran los párpados y a través de las pestañas, por encima de mi derecha entreveo el pueblo de Latour-de-France.»

5. En el parking

«El parking de la puerta de Saint-Cloud limita con el cinturón de ronda y por una parte sólo lo separa de éste un muro con claraboya. Sólo llevaba mis zapatos en los pies, antes de saltar del coche me había quitado el impermeable cuyo dobladillo me estaba helando la piel. Primero, como ya he dicho, me aplastaron contra una pared perpendicular. Éric me avistó *"clavada por las vergas, como una mariposa".*»

6. En la mesa

O mejor «sobre una mesa». «Algunas veces experimenté tales embestidas que tenía que agarrarme con las dos manos en los salientes de la mesa y durante mucho tiempo tuve una marca casi permanente de una pequeña abrasión justo encima del coxis, allí donde mi columna vertebral había ido rozando con la rugosidad de la madera.»

7. En el trabajo

«Metódicamente había ido trazando marcas de un territorio sexual en el interior de espacios profesionales.»

8. En el despacho

«Un amigo, al que me encontraba en su despacho sobre la calle Rennes, se hacía chupar infinidad de veces delante de la pared acristalada que llegaba hasta el suelo, y la agitación eufórica que subía hasta mí, arrodillada a contraluz, ayudaba ciertamente a aumentar mi placer.»

9. Los sitios «inocentes»

«¿Quien no ha soñado manchar con un par de piernas al aire los lugares más inocentes que él frecuenta normalmente?»

10. En un *peep-show*

«Del plató [...] emana una luz ténue, azulada, un rayo de la cual se posa en la base del miembro que me he metido en la boca, de tal modo que mi espacio perceptible se reduce a ese trozo de carne arrugada y picoteada de pelos, y que me como con insistencia. [...] Justo después de haber entrado en la cabina, nos hemos palpado sin mirarnos, con la vista fija en el espectáculo que hemos comentado. Estamos de acuerdo sobre el hecho que la chica tiene un buen conejo.»

10 bonitas partes de tu **cuerpo** y del suyo

¡Compruébalo!

1. Su tobillo.
2. Su areola erecta.
3. Los hoyuelos sobre sus riñones.
4. Su glande cuando sobresale.
5. Sus pequeños pectorales.
6. Sus nalgas.
7. Su cuello.
8. Sus rodillas.
9. Sus labios.
10. Sus otros labios.

10 historias sobre la **menstruación**

Algunos dicen que es una intrusa, la enemiga del placer... pero ¿por qué despreciarla? Forma parte de la vida.

1. Los ingleses
La expresión «los ingleses han desembarcado» viene del color rojo del uniforme de las tropas inglesas de principios de siglo XIX.

2. La dama
Cuando tenía la regla, la Dama de las Camelias se ponía una camelia roja en el ojal en lugar de su habitual flor blanca.

3. 12 veces al año
La cantante Jeanne Cherhal dedicó en 2004 una canción a los dolores menstruales. Su título: *Douze fois par an* (Doce veces al año).

4. No más reglas
En mayo de 2007 nos enterábamos que el laboratorio americano Wyeth trataba de comercializar en los Estados Unidos una píldora

antioconceptiva que garantizaba la desaparición de la regla a las que la tomaran.

5. La invención del tampón
El tampón higiénico fue patentado en 1931 por un médico americano, el Dr. Earl Haas, quien tuvo la idea de recuperar el principio del tampón quirúrgico.

6. En la Edad Media se creía que el **bebé** engendrado durante la regla (sic) sería rojizo.

7. Antaño las mujeres también hablaban de **sus cardenales.** «El cardenal está alojado en el jardín», se decía.

8. En la antigua Roma, según Plinio y su Historia natural, las mujeres con la menstruación eran sospechosas de cien mil males. «Si una mujer con la regla y después de haberse desnudado da una vuelta a un campo de cereales, se ven caer las orugas, los gusanos, los escarabajos y los otros insectos dañinos.»

9. Claude Seignolle, en *Los evangelios del diablo* (1967) explica que en Dauphiné las muchachas que deseaban ser amadas diluían algunas gotas de la sangre de su menstruación en el vino o en el café y se lo daban a beber a su amante. El chico ya no podía separarse de ellas nunca más...

10. Los ritos primitivos, *la Biblia, el Corán* imponen —los dos y casi con los mismos términos— **un tabú absoluto en las relaciones sexuales**, prohibiendo la promiscuidad y considerándolas una grave infracción durante el periodo de la menstruación.

10 **fetichismos** para los menos curiosos

Fetichista, por qué no, ¿pero de qué? Del cuero, de los pies, de la piel... aburrido. Aquí hay una lista para meditar:

1. **Candaulismo:** Excitación sexual provocada por la visión de su amante.
2. **Crematistofilia:** Excitación sexual provocada por el hecho de pagar a su amante.
3. **Claustrofilia:** Excitación sexual provocada por encerrarse, en un ataúd, un hueco o una jaula.
4. **Dismorfofilia:** Excitación sexual provocada por las deformaciones o la monstruosidad.
5. **Hibristofilia:** Atracción por los amantes delincuentes, los canallas.

6. **Maieusiofilia:** Atracción sexual por las embarazadas.
7. **Obesofilia:** Excitación sexual provocada por los gordos o las gordas.
8. **Falofilia:** Excitación sexual provocada por los penes de talla superior a la mediana.
9. **Siderodromofilia:** Excitación sexual provocada por los viajes en tren.
10. **Tricofilia:** Excitación sexual provocada por los pelos o los cabellos.

10 historias sexuales de Casanova

Casanova, el héroe absoluto de la historia libertina. ¿Un modelo y un ejemplo? ¡Incierto! Un amante de las mujeres como mucho... Como lo demuestran estas anécdotas sacadas de sus *Memorias*.

1. Él «probó» a Marie-Louise de Beaufranchet d'Ayat, nacida O'Murphy de Boisfailly (1737-1814) llamada Mlle de Morphyse o «La bella Morphyse». Fue la amante del rey Luis XV y modelo del pintor François Boucher, que nos reveló el esplendor de su culo entrado en carnes. Ella le ofreció todo lo que quiso, menos su virginidad, de la que ella sabia su valor.

2. «Apresuraros a sucumbir a la tentación antes que ella se aleje...», declaraba Casanova.

3. En sus *Memorias,* Casanova mencionaba a 122 mujeres con las que habría tenido relaciones sexuales, entre las cuales habría dos muchachas casi en la pubertad y su propia hija...

4. Seducir a una mujer muy devota aumentaba considerablemente su ardor. «Una muchacha devota, cuando hace el acto sexual con su amante siente cien veces más el placer que cualquier otra exenta de prejuicios.»

5. En el siglo XV, en la esquina entre los Campos Eliseos y la calle Quentin-Bauchard, en el caserío de Roule, se encontraba la casa de la alcahueta Pâris, apodada Bonne Maman. Casanova visitó esos locales en compañía de su amigo Claude-Pierre Patu y disfrutó de todos sus servicios. Empezaron por admirar a las residentes: «Catorce jovencitas, todas bellas y con parecidos vestidos en muselina... unas rubias, las otras morenas o castañas...» Casanova, después de una primera hora pagada de placer, decidió pasar la noche —catorce horas— en compañía de una jovencita que describió como «una verdadera Aspasia». Ella se hacía llamar la Saint-Hilaire. «Tenía espíritu, cultura y algunos talentos.»

6. También fue amante de la prostituta Raton, que compartió con Rétif de La Bretonne quien la describía con estas palabras: «Ella tiene reputación de impenetrable. Casanova teme que esté fuera de circulación, pero no es más que una cuestión de posición...».

7. Además, justamente a propósito del placer, Casanova declaraba «Dar es un placer más perdurable que recibir».

8. Para Casanova, el roquefort era el mejor afrodisíaco. Se lo dio a probar a sus numerosas amantes.

9. Tuvo por amante a una tal Miss XCV: cuando Casanova la encuentra está encinta y le pide ayuda para abortar, ella es «inteligente y fría hasta rozar la insolencia».

10. Según el psicoanalista François Roustang, analizando las razones de la fascinación que Casanova ejerce sobre nosotros, «el falo de Casanova condensa todo el misterio de la infancia, sus deseos de omnipotencia y de gloria, es por eso que el niño que nosotros nos resistimos a abandonar se asombra ante sus proezas. Aquí se ganan mujeres —como en otras partes batallas— pero el fondo es el mismo: se gana por arte de magia, en un mundo donde las caras, las danzas, los propósitos no son más reales que las historias que se explicaban antes de acostarse.»

10 **insultos sexistas** y groseros para introducir en la conversación «durante»

Decir groserías durante el acto sexual es una de las actitudes más extendidas entre las parejas, casi desde la noche de los tiempos... Michel Audiard, en una película de Denys de la Patellière titulada *Retour de manivelle* (1957) nos da un ejemplo... Daniel Gélin et Michèle Morgan se reprenden:

«¡Suripanta!

—¿Es una injuria?

– ¡Suripanta!

– No malgastes esa palabra. Te podría servir. A mí siempre me lo han dicho como palabra de amor.»

1. Suripanta.
2. Garaje de pollas.
3. Puta, perra.
4. Fresca.
5. Enculado.
6. Polla de asno.
7. Capullo.
8. Impotente.
9. Maricón.
10. Mameluco (no, este es el otro mameluco).

10 **recetas** eróticas fáciles de hacer

No todas las recetas de los filtros de amor están hechas a base de babas de sapo o de sangre de menstruación. He aquí algunos ejemplos de brebajes, platos o ingredientes considerados afrodisíacos...

1. Filtro de amor al champán
5 gotas de agua de rosa,
champán, una taza de frambuesas,
y tus dos mejores copas de champán.

2. Filtro de amor guatemalteco
2 vainas de vainilla, 1 litro de leche,
cacao amargo en polvo, miel,
azúcar moreno fino,
pimentón o tabasco.

3. El carvi
El anís o comino de prado, alcaravea o anís del Vosges, también llamado carvi o falso anís, según algunas supersticiones tendría el poder de retener a los amantes inestables.

4. Kir royal a la trufa
1/3 de bitter, 2/3 de champán y unos trozos de trufa.

5. El cardamomo
El vino caliente al cardamomo ha tenido siempre la fama de ser afrodisíaco. Cleopatra hacía perfumar con cardamomo las habitaciones en las que recibía a sus amantes.

6. Ramilletes de hierbas

Un ramillete de orégano para poner vuestros amores bajo el signo del placer —receta griega.

Un ramillete de romero, igual que en *Julieta* de Shakespeare, para jurarle amor eterno.

Un ramillete de mejorana para una dicha continuada —otra receta griega.

7. Los huevos a la trufa de la Pompadour

Para darse «de corazón», ella se comía una docena de yemas de huevo batidas con trufa, chocolate rallado y apio.

8. El caviar

Catalina de Rusia, al pedirle que diera un heredero al trono, contestó: «Traedme caviar y, esta noche en la cena, enviadme al más bien dotado de mis oficiales.»

9. La hierba de San Juan

El marqués de Sade estimulaba sus conquistas con hierba de San Juan, también llamada ajedrea.

10. Ramillete de hierbas (bis)

En las campiñas francesas, la hechicera del pueblo fabricaba un polvo de diversión con mejorana, verbena, tomillo y flores de mirto.

10 maneras de expresar el **orgasmo** femenino

¿Cómo podemos saber que ella acaba de gozar? Eve Ensier, para Los *monólogos de la vagina,* entrevistó a una prostituta —la mujer que le gustaba describir las vaginas felices— que le hizo una serie de divertidas imitaciones de cómo expresar el gozo... ¿Sabríais hacer lo mismo?

1. Gemido clitoridiano: un sonido dulce.
2. Gemido vaginal: sonido de garganta profunda.
3. Gemido chic: sonido sofisticado y risueño.
4. Gemido de Madonna: un sonido rock.
5. Gemido en un barrio lujoso: no se oye nada.
6. Gemido judío: ¡noooooooooooooooooooo!
7. Gemido afro-americano: ¡Oh mierda!
8. Gemido católico-irlandés: ¡Perdón Dios mío!
9. Gemido de militante bisexual totalmente liberada: sonido profundo, agresivo, machacón...
10. Gemido triple orgasmo...

pasando de todo

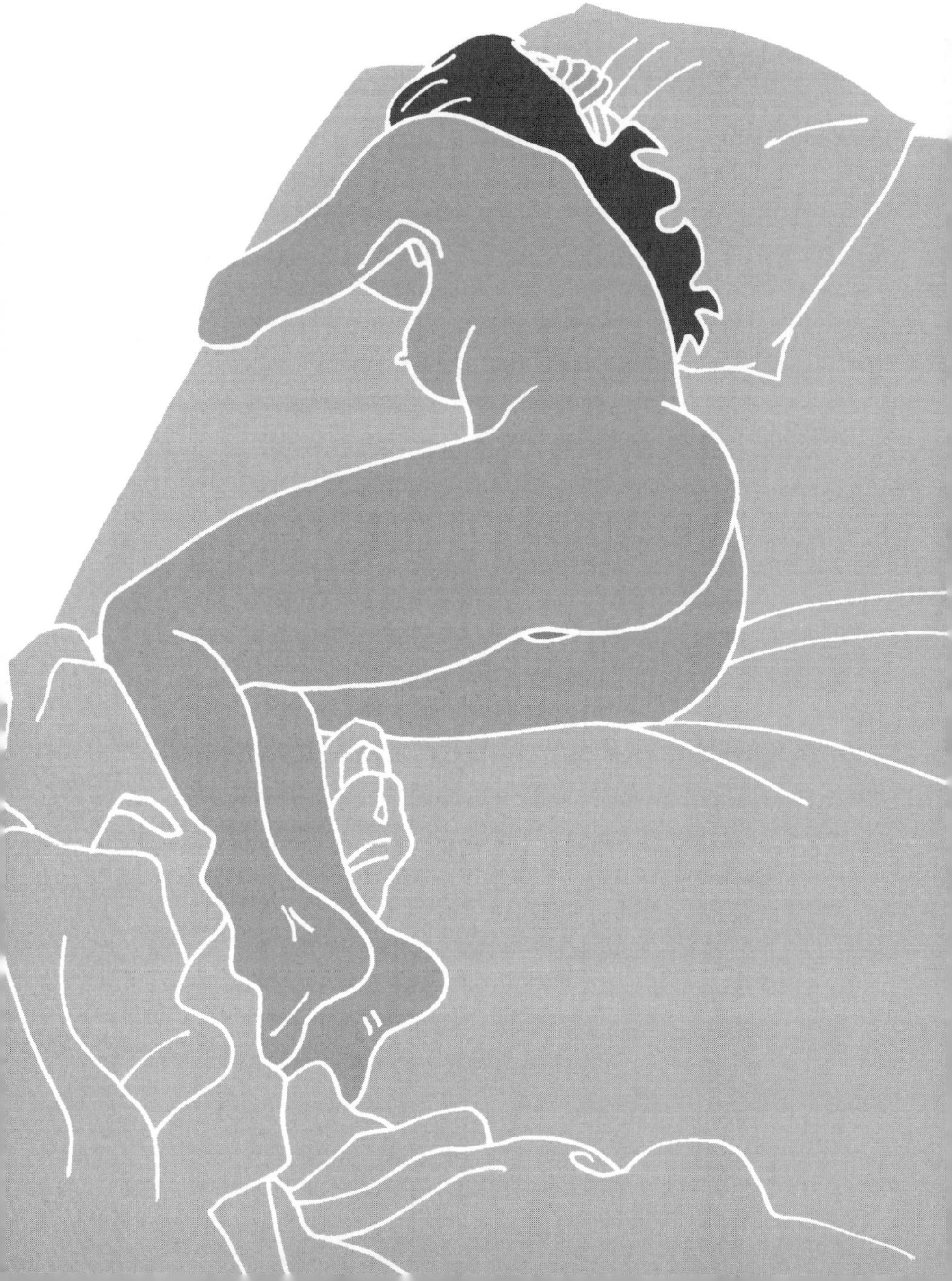

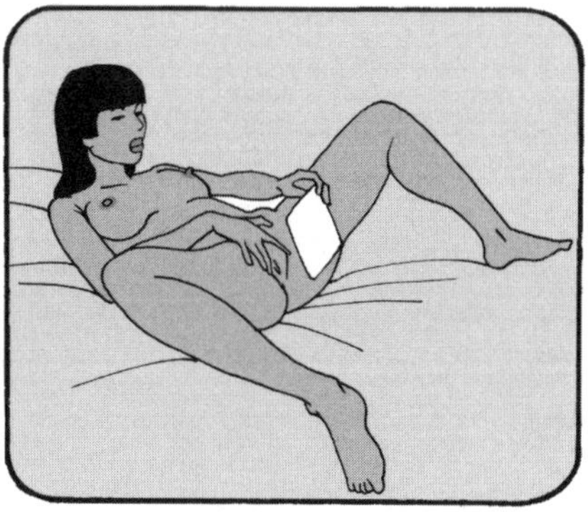

10 formas de jugar con **espejos**

Es uno de los objetos más utilizados en la decoración de las habitaciones de amor, de los clubs de intercambio y antaño de las casas de tolerancia. He aquí una lista de ideas divertidas para poner en práctica en tu dormitorio...

1. En el techo

¡Los espejos en el techo! La manera más clásica de utilizar los espejos para dar un toque canalla a tus retozos. Ninguna casa «seria» estaría equipada de tal modo, de ti depende que tu casa, y sobre todo tu dormitorio, deje de ser seria.

2. La exploración íntima

Pero un espejo también puede ser pequeño y puedes usarlo para descubrirte un poco más de cerca. Él puede hacer el papel de ginecólogo benévolo y responder a tus órdenes, «¡un poco más a la derecha querido!».

3. La multiplicación de los cuerpos

Orson Welles en *La Dama de Shanghai* (1946), y después Woody Allen rindiéndole homenaje en *Misterioso asesinato en Manhattan* (1993), han demostrado en el cine los efectos extraños que puede permitir una contrucción inspirada en el Palacio de los espejos. Los cuerpos se reflejan hasta el infinito... Si ya es divertido con cuerpos vestidos, luego con cuerpos desnudos y entremezclados...

4. En el suelo

Un espejo inmenso, dispuesto sobre el suelo, permite librarse a juegos que parecen estar reservados a las salas de baile de los clubs de intercambio. Un espejo en el suelo deja ver lo que pasa bajo la falda de las chicas, y cuando uno se estira encima, la imagen se hace más precisa... Por ejemplo, ella a cuatro patas tendrá el placer de verlo a él en contrapicado y cómo se divierte con ella...

5. Los otros (mirad sólo el espejo)

¡Como si no estuvierais! Hacer el amor delante de un espejo, sin mirarse. O más exactamente, mirando a tu compañero sólo en el espejo, igual que un extranjero lejano.

6. ¡El porno del pobre!

Si no tienes cámara de DVD, ¡qué más da! Conviértete en estrella del porno ¡sin echar mano a la cartera! Sólo necesitarás algunos espejos y unos proyectores potentes. Ilumina en primer plano lo que quieras ver mejor en el espejo. ¡Cuidado con las posibles tortícolis!

7. ¿Te has visto gozar?

¡No! Pues, déjate ir y estírate de lado, tu amante se ocupará de tus encantadoras nalgas. Mírate sólo en el espejo, observa la llegada del placer en lo más profundo de tus ojos. ¿Se dilatarán tus pupilas?, y tu rostro ¿enrojecerá?

8. Mírala cuando se acaricie

Con un espejo delante de su sexo, su mano que viene y va, que explora, que recorre cada una de las zonas sensibles que ella conoce tan bien...

9. Mírala cuando esté gozando

A lo perrita, no puedes ver el espectáculo que ofrece su rostro transformado por el placer... Un espejo delante suyo te permitirá verlo todo.

10. Un primer plano

¿Has asistido alguna vez a una felación en primera fila? Seguro que no, estos son espectáculos que uno no ve a no ser que vaya a lugares indecentes o a fiestas libertinas a las que no te han invitado... Pero sólo necesitas un espejo estratégicamente colocado para reparar este descuido.

10 preguntas morales relacionadas con **la sexualidad**

En nuestros días, la ética sexual se ha convertido esencialmente en una cuestión de buen uso. Y sin embargo, casi hemos olvidado que durante dos o tres milenios, la sexualidad, la misma «libertad sexual», fue una de las cosas que preocupaba a filósofos, antiguos, cristianos y libertinos... Estas son algunas de las preguntas que se cuestionaba en marzo de 2007 la revista *Philosophie Magazine* en un número titulado *Sexo y Moral*.

1. ¿Qué diferencia hay entre un juego de piernas al aire y un partido de tenis?
La verdadera cuestión más bien sería: «Si admitimos la normalidad de la actividad sexual, comparándola a un deporte en algunos casos, ¿puede escapar a las consideraciones morales?»

2. ¿La masturbación es censurable?
«Practicada sobre uno mismo, la masturbación implica siempre a otras personas que lo permiten...»

3. ¿Un porno ético es factible?
«Lo que importa no es que pueda o deba existir un espacio sin censura moral. El problema deontológico, ético, está en su realización...»

4. ¿Hay que admitir las infidelidades?
«El problema de una norma absolutista prohibiendo la mentira, es que cada uno sabe que habrá que violarla...»

5. ¿Es aceptable hacerse pagar por una relación sexual?
«¿Cuál es el crimen a erradicar, la esclavitud o la prostitución?»

6. ¿Puedes azotar a tu pareja si ella te lo pide?
«En materia de sexualidad, no es el Estado de derecho lo que nos gobierna sino la moral dominante.»

7. ¿La sexualidad es una cuestión política?
«La liberación sexual ha soñado poder acabar con las normas. Pero es una ilusión. Las normas se desplazan sin desaparecer.»

8. ¿Cuál es la definición del deseo según Emmanuel Kant?
«La atracción sexual no es la inclinación hacia otro ser humano en sí mismo, sino una inclinación hacia su sexo...»

9. ¿Cliquear, es malo?
«Es una cuestión tan vieja como el mundo que, al plantearse, no contaba con Internet: la de pecar con el pensamiento.»

10. ¿Qué filósofos son los que bendicen la teoría radical del consentimiento?
Marcela Iacub, autora de numerosas crónicas en *Libération*, y Patrice Maniglier, coautores del *Antimanuel d'éducation sexuelle*, afirman que «el único criterio moral en materia de sexualidad es el consentimiento, el resto no son más que estrategias moralizadoras...»

10 razones para **desnudarse**

¿Todavía dudáis? ¡Rápido, desvestíos! Porque...

1. Estáis buenos.

2. Todavía estaríais mejor bronceados sin las marcas del bañador.

3. No os conocéis lo suficiente.

4. Vais a descubrir vuestro apartamento paseándoos desnudos.

5. Estar desnudo en el agua es una sensación deliciosa.

6. Estar desnudo al aire libre, ídem.

7. La desnudez es una de las formas de la libertad.

8. Desvestirse, deshacerse una a una de las piezas de ropa que nos sujetan, es un placer en sí mismo.

9. Los lugares donde uno está desnudo normalmente están repletos de gente que también está desnuda.

10. Desnudos, estaréis siempre listos para el amor.

10 epigramas sacados de la **Antología palatina**

En los colegios e institutos, el griego antiguo no se estudia mucho y es una lástima. Nuestros ancestros eruditos podían deleitarse leyendo textos eróticos que desafortunadamente no siempre están a nuestro alcance, como estos epigramas eróticos sacados de la *Antología palatina*, textos libertinos escritos al cabo de los siglos.

1. La delgada Dioclea, de Lucilio.
— *Esta Dioclea, Cipris ¡tan delgadita!*
— *Pero dicen que sus costumbres son de chica honesta.*
— *Entre nosotros, lo admito, ciertamente es poca cosa;*
Pero cuando sobre sus pechos planos vaya yo a apretarme
Entonces, sentiré de cerca el latido de su corazón.

2. Bajo el velo, de Marco Argentario.
Levanta este velo, oh Lisídice,
No muestra así tu cadera.
Además, tu gasa transparente
Revela tu cuerpo en sus pliegues
Tu cuerpo a mis ojos deslumbra
Después desaparece. ¡Eh! Yo también
Voy a mostrar mi objeto
Que, míralo, se aguanta tieso.
Pero voy a esconderlo.

3. ¡Sin complicaciones!, *de Antípatro de Tesalónica.*
Por un alto precio fijo,
Puedes besar a Europa
Sin borrar su talante;
Su lecho es dulce y mullido;
Su fuego es caliente en invierno.

4. Esperando lo mejor..., de Filodemo.
Mi amiga no es muy grande; es un poco morena;
Sus cabellos son frondosos pero su piel está caliente.
Su voz es de terciopelo y te puede volver loco.
Con naturalidad se te entrega
Sin pedir salario alguno. Oh Afrodita de oro
Haz que esta pequeña continúe siendo como es,
Que sepa complacerme y comparta mi cama...
Hasta que encuentre a otra más bonita.

5. La Lámpara, *de Marco Argentario.*
He pegado mi cuerpo a sus senos,
Presionado mi piel contra su piel
Y juntado mis labios sobre los suyos.
Del resto no diré nada:
Sólo la lámpara fue testimonio.

6. Por la noche, de Meleagro.
Oh Noche, Madre de los dioses que me hace compañía
Durante mis retozos, concédeme este favor:
Si un rival se acuesta en el lecho
De mi Heliodora y encuentra el calor
Contra su piel, objeto de tantos insomnios,
Que la lámpara se apague y que en los dulces brazos
De su amiga, se quede inerte y tardo...

7. Lucha de amor, de Hélido.
El vino, las farras, *esas farras* salaces,
Presididas por la bella Aglaoniké;
Así también por los ardores de su *Nicágoras.*
Y he aquí por Cipris los restos perfumados
De la lucha: zapatos, sostén, ¡hala!
Testimonios del reposo pero también del combate.

8. El amor secreto, de Paulo Silenciario.
Oh Rodopea, escondamos nuestros *tiernos ejercicios:*

Debemos escapar al ojo oportuno
Continuando nuestros amorosos caprichos.
Dulce es el secreto cuando las llamas nos consumen.

9. Sin prisas, de Macedonio Cónsul.
¡Estrella de la mañana, no me apremies, así!
¡Ahora estoy amando! No hagas como Arés,
Tu vecino, ¡ese descorazonado! ¡No habrás tu antaño
Demorado tu viaje a las puertas de Oriente, no!
¿Cuándo has visto tu a Faetón cabalgando su Climena?
Ven pues despacio, como los cimerios
Pues apenas estoy terminando.

10. El amor loco, de Paulo Silenciario.
¡Que mi piel esté contra la tuya!
¡Dejemos también las vestiduras!
Estemos desnudos, que nada más venga
A perturbar el éxtasis de los amantes.
¡Este velo es peor que el muro
De Semíramis! Sé amante,
¡Un beso! ¡Chitón! ¡Ningún susurro!
¡Toda palabra es indecente!

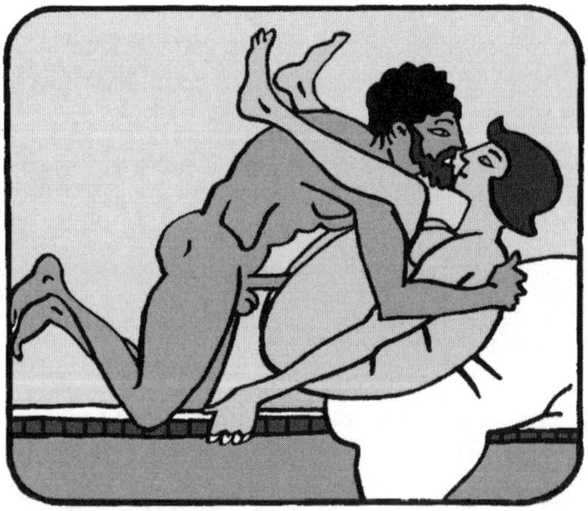

10 momentos **sexis** de televisión

La televisión, medio de masas donde los haya, participa en la construcción de nuestro imaginario erótico. Glamour, asesinatos, robos, amor y sexo (sobre todo sexo). Esto es lo que parece que quiere la audencia. Momentos interesantes para el recuerdo hay muchos más, pero ¿os acordáis de...?

1. Los pechos de Sabrina cantando Boys, Boys, Boys en la piscina... Sonada fue la actuación de la cantante en el especial fin de año de 1987... Boys, boys, boys! y !Hala! pecho fuera. En realidad sólo se le descubría el pezón, pero se habló de ello durante mucho tiempo...

2. En los noventa, precursor de Crónicas Marcianas de Sardá, nos encontrábamos con Pepe Navarro en ***Esta noche cruzamos el Mississipí*** de Tele5. El programa combinó humor, entrevistas y coloquios donde el tema a menudo versaba en torno al sexo.

3. El momento lésbico entre Yola Berrocal y Malena Gracia en ***Crónicas Marcianas***, o los besos lésbicos de Celia Blanco, o los de Boris, o los besos entre... ¡Ahí todos se besaban! El presentador Javier Sardá fue erigido por la crítica como baluarte de la telebasura y acabó tirando la toalla en el 2005.

4. La peli porno del viernes por la noche en el **Canal +** fue una gran revolución. Había quien la miraba ¡incluso sin decodificar!

5. Cristina Tárrega y su consultorio sobre sexo a finales de los noventa en el programa *Sola en la ciudad* tuvieron gran éxito de audiencia no exento de polémica, en el que atendía cualquier tipo de comentario sexual de madrugada.

6. Nuria Roca en **El Sexómetro**, programa que se estrenó en diciembre de 2007 en Cuatro, «es la naturalidad de una señora estupenda hablando de sexo», de los hábitos sexuales de los españoles, de orgasmos, la frecuencia... y está muy bien acompañada por Josep Lobató que se encarga de hacer las preguntas al público asistente sobre sus intimidades.

7. *Documentos TV* en TVE1. Este programa de documentales lleva ¡20 años en antena! En el reportaje del 18 de diciembre de 2006 ***Sexo en secreto***, el documental recorría los caminos secretos del sexo de la mano experta de Dómina Zara que, con su experiencia, sus reflexiones y su mirada, nos introducía en el mundo del fetichismo y el sadomasoquismo.

8. Otro documental de Documentos TV emitido el 4 de marzo de 2008 fue ***Locos por el pene*** donde se preguntaban si los penes podrían ser desbancados por los consoladores. Estas y otras cuestiones nos ofrecía el reportaje, sin tapujos y con los testimonios de urólogos, diseñadores de consoladores, cirujanos plásticos, profesores de sexo tántrico y de los usuarios del pene, claro.

9. Sexo en Nueva York. La serie nos presentó a cuatro chicas bien distintas y sus actitudes frente al sexo El caso es que las cuatro chicas tenían muchas aventuras con los hombres y no dudaban en comentarlas al resto de los mortales.

10. Nip/Tuck es una serie «aterevida», dicen. La serie se centra en la vida de dos cirujanos plásticos. De su vida privada y de su vida profesional. La polémica viene porque sobre todo hay «sexo, palabrotas y violencia». A Christian Troy, un soltero de muy buen ver, le gusta más el sexo que a un niño un caramelo.

10 bustos **asombrosos**

Algunas mujeres tuvieron un busto de tal belleza o de una forma tan especial que su relevancia fue debida sólo a sus senos.

1. Los senos de Lolo Ferrari (1963-2000).
Esta pobre muchacha simbolizó hasta la muerte los excesos de la cirugía estética y del deseo a ser conocida.

2. Los senos de Jayne Mansfield (1933-1967).
La notoriedad de la actriz americana Jane Mansfield desgraciadamente se mantenía en gran medida gracias a su pecho, ciertamente fenomenal. La llamaron «el busto». Por otra parte, fue una actriz cómica deliciosa, especialmente en comedias como *La Blonde et moi* (*Una rubia en la cumbre*). Un terrible accidente de coche le costó la vida, murió decapitada a pesar de sus *airbags*.

3. El seno de Agnès Sorel (1420 [?]-1450).
La amante de Carlos VII tenía por costumbre descubrir uno de sus senos, uno de los más bellos, redondos y firmes de la Historia de Francia. La moda no fue seguida y es una lástima.

4. Los senos de la Libertad guiando al pueblo (1830).
La tela de Géricault presentando la Libertad guiando al pueblo nos permite admirar el pecho desnudo de una mujer conduciendo los combates en una barricada. A menudo fue objeto de censura en los países de Oriente Medio, censura que a veces no se podía ejercer, pues la Francia pícara tenía la audacia de reproducir esas mamas reivindicativas en los billetes bancarios.

5. Los senos de Marilyn Monroe (1926-1962).

En realidad no los enseñó nunca en la pantalla, sino en un plano cortado del montaje de su última película *Vidas rebeldes* (*The Misfits*), y en las copias de una película inacabada con una escena de piscina. En cambio, se dio a conocer posando desnuda estirada y de perfil para un calendario, y su última serie de fotos, realizada por Bert Stem, la presenta desnuda detrás de un velo de gasa. Los senos de Marilyn son evidentemente magníficos, y sin embargo sencillamente «humanos», casi normales, lo que los hace más admirables...

6. Los senos de santa Ágata ([?]-250 [?])

Las pinturas que querían representar un busto desnudo, durante largo tiempo fueron condenadas a utilizar temas mitológicos y religiosos como el martirio de santa Ágata, a quien un cónsul romano le hizo cortar los pechos como castigo por haber jurado el voto de castidad, pero —¡oh, milagro!— rebrotaron; además era precisamente este instante el que los pintores escogían para plasmar.

7. El seno de Janet Jackson (nacida en 1966).

Algunas fotos robadas con el teleobjetivo han confirmado que en realidad tiene dos pechos, pero nosotros conocemos mejor el que descubrió «accidentalmente» en el transcurso de su actuación a dúo con Justin Timberlake en el descanso de la Super Bowl. Su teta con un piercing en el pezón en forma de estrella desencadenó reacciones histéricas en los Estados Unidos, mientras que el espectáculo fue delicioso.

8. El seno de María Antonieta (1755-1793).

La reina María Antonieta en realidad no tuvo las decenas de amantes que los panfletos, tantas veces innobles, le atribuían, pero en cambio se libró a un curioso ejercicio un tanto impúdico: se hizo amoldar uno de sus pechos y así poder encargar unos cuencos para su pequeña granja de Versalles. El vaciado lo realizó un artista de la manufactura de Sèvres. Más tarde, esta forma voluptuosa sirvió de modelo para las primeras copas de champán.

9. Los senos de Sophie Marceau (nacida en 1966).
Sophie las ha mostrado muchas veces, en la pantalla y en las escaleras del Palacio de los Festivales de Cannes, en cambio amenazó a Julien Clerc con llevarlo a juicio por atreverse a festejar la redondez de estos pechos deliciosos.

Queremos chicha,
Queremos curvas,
Vendedores de castañas
De la calle Lacurva.
Queremos pelotas,
Aros hula-hop
Y los pechos de
Sophie Marceau...

10. Los senos de Joséphine Baker (1906-1975).
Joséphine Baker causó sensación desembarcando en París como vedete de *La revista negra* en 1925. No era la primera «mujer desnuda» de los cabarets parisinos, pero su belleza natural y exuberante asombró al público. Todavía hoy, esos bellos pechos nos inquietan: la oficina de correos americana quiso prohibir el envío de postales que la mostraban desnuda y en Inglaterra, los dibujos animados *Les Triplettes de Belleville* fueron declarados no aptos para los menores de 12 años a causa de la visión fugaz de las tetas movedizas de Joséphine.

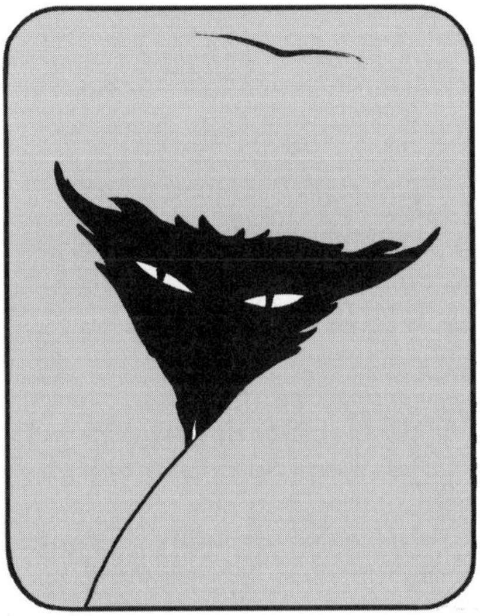

10 historias sobre el **pelo** de esa otra parte

El vello, que uno trata de dominar o que deja crecer a su antojo, es un elemento de atracción sexual.

1. 82 % de las mujeres que se depilan lo hacen ellas mismas. Si hacemos caso de los epigramas de Marcial, la depilación del pubis ya se practicaba en la antigua Roma, principalmente entre las cortesanas.

2. La parte del pubis cubierta de pelo se denomina monte de Venus en honor a la diosa del amor.

3. Algunas mujeres afectadas de hipertricosis púbica fueron las modelos preferidas de los fotógrafos del desnudo. Tenían pelos púbicos con una longitud de unos cuarenta centímetros.

4. Las «chicas peludas», en un universo aséptico consagrado a la depilación, se convierten en protagonistas de los videos pornográficos dedicados a los amantes del pelo.

5. La mayoría de las expresiones que designan el cunnilingus evocan el vello púbico: «pasturar el prado», «hacer maullar al gato...», «comer en el felpudo»...

6. Según Martin Monestier, autor de un libro íntegramente dedicado al pelo (*Les Poils*, le Cherche-Midi, 2002), un pubis tendría de media unos 7.000 pelos.

7. Un pelo púbico puede medir hasta 6 centímetros.

8. El crítico Sainte-Beuve, igual que Enrique IV, se declaraba amante de las mujeres con «la pelambrera descuidada».

9. En la canción *Jolie Môme,* gran éxito a finales de los cincuenta, Léo Ferré cantaba, «*Tu prado, qué bien huele, dáselo a los amigos...*».

10. El amante de Lady Chatterley, al ver su pubis, decidió bautizarla como la «Dama del vellón pardo».

10 pequeñas cosas sobre el **esperma**

¿Qué sabeis de las características y las virtudes de este líquido tan apreciado?

1. El esperma es una combinación de varios fluidos, los espermatozoides producidos por el epidídimo, el líquido prostático, el líquido producido por las vesículas seminales y las secreciones de las glándulas de Cowper. La mezcla se produce unas fracciones de segundo antes de la eyaculación.

2. Una eyaculación supone de media de 2 a 5 mililitros.

3. En un libro publicado en París en 1825, se podía leer: «el cambio de chica a mujer no consiste sólo en la desfloración. Esta pálida virgen se despertará haciendo que su transpiración dulce e inodora adquiera un olor. Cierto es que el esperma masculino impregna el organismo de la mujer, aviva sus funciones, y las caldea».

4. La densidad normal de espermatozoides estaría comprendida entre 20 y 200 millones por mililitro.

5. El esperma está compuesto por vitamina C y B12, por sales minerales como el calcio, el magnesio, el fósforo, el potasio y el zinc, por fructosa y sorbitol. Es rico en proteína, sodio y colesterol. Contiene trazas de testosterona y de otras hormonas.

6. El valor calórico de una eyaculación media varía entre 15 y 30 calorías.

7. Un chorrito de esperma en el ojo quema, pero una compresa impregnada de leche alivia esta sensación.

8. Nunca se ha calculado científicamente la distancia máxima a la que una eyaculación haya proyectado el esperma ni la manera de hacerlo, en horizontal o en vertical, ni qué medir, la altura o la longitud. Se habla de unos 60 centímetros. En el web de Internet *You Porn*, un pequeño vídeo muestra la explosión de un joven haciendo caer una lata de Coca-Cola gracias a la fuerza de su eyaculación.

9. Si se pone esperma encima de la piel, se estimula la producción de colágeno convirtiéndola en una piel más tersa y más resistente al envejecimiento.

10. Los alimentos insípidos como la pasta y las patatas mejoran el sabor del esperma, mientras que el curry, la cerveza y el café le dan un sabor desagradable.

10 afrodisíacos **algo repugnantes**

Blanca o negra, las magias tienen en común que sus filtros son a menudo tan asquerosos como ineficaces. Aquí van algunos de ellos, sacados de las mejores fuentes, como los del *Grand Albert*, manual que estaba en todas las mesitas de noche de brujas y curanderas...

1. Musaraña licuada

Se necesita una musaraña viva a la que se le quita el corazón —¡puaj!— A continuación se tritura el cuerpo de la bestia y se deja a secar la carne. Cuando ya esté seca, sólo faltará mezclar un poco de este polvo de roedor con una pizca de sangre del anular. Y como si nada, se pone en una copa de vino y se da a beber a la mujer de quien se quiera conseguir los favores.

2. El pan de nalgas

La joven que desee ser amada —según el experto en magia sexual Roland Villeneuve— deberá sentarse con las nalgas desnudas en la harina con la que hará el pan para su amante.

3. Receta vudú

Disponer, una al lado de otra, dos agujas de la misma longitud bautizándolas con los nombres del chico y de la chica que lo desdeña, mientras se dicen los conjuros apropiados. A continuación, se disponen las agujas de modo que la cabeza de una se apoye en la punta de la otra. Evidentemente, la cabeza simboliza la vagina y la punta el falo. Después sólo hay que poner las agujas entre unos trozos de una raíz especial y atarlo bien con hilo. La chica no tardará en sucumbir a los encantos del chico con el que ha estado unida...

4. Una receta africana

Tritura miel con frutos de acacia, embadurna tu miembro y acuéstate con la mujer...

5. Sonrisa de caballo

Se dice que la espuma de la boca de un semental es afrodisíaca.

6. Testículos de macho cabrío y semen de cocodrilo

Coger granos de bardana, machacarlos en un mortero y añadir: el testículo izquierdo de un macho cabrío de tres años, una pizca de polvo de pelo de la espalda de un perro completamente blanco que se habrán cortado el primer día de luna nueva y quemado en el séptimo día. Ponerlo todo a infusionar en una botella medio llena de aguardiente y dejarlo macerar durante veintiún días para que pueda recibir la influencia de los astros. Al cabo de estos veintiún días, que será precisamente el primer día de la siguiente luna, cocerlo todo hasta que la mezcla se reduzca y sea un caldo espeso; entonces, añadirle cuatro gotas de semen de cocodrilo y pasar la mezcla por un zapato. Después de recoger el líquido que caiga, se frota con él las partes naturales del hombre y «en el campo» hará maravillas.

7. Testículos de gallo

Macerados en medio litro de buen aguardiente envejecido durante toda la luna lleno con clavos de clavero, nuez moscada raspada, canela, pimentón, anís, coriandro, cardamomo y jengibre. Añadir doce testículos desmenuzados de gallo y una onza de raíz de mandrágora macho. Si se quiere y se tiene, añadir también un poco de almizcle y de ámbar gris.

8. Una receta casi bebible

Mezclar medio litro de aguardiente con la misma proporción de agua mineral. Reducir a polvo 85 gramos de quina, 5 clavos de clavero, 5 gramos de canela, 15 gramos de corteza de naranja amarga y una pizca de azafrán. Incorporarlo al líquido y dejarlo macerar 3 semanas a resguardo de la luz. Después filtrar con lencería muy fina. Hay que tomar cada día un poco (¡un poco!) antes de la comida.

9. Testículos de liebre

El *Grand Albert* sugiere mezclar «un poco de la propia sangre, dos criadillas de liebre y el hígado de paloma» y hacer beber el resultado al que o a la que se desee conquistar.

10. Pan con pelo

Roland Villeneuve, aficionado a la brujería citaba esta receta: «Os arrancáis tres pelos de los testículos y tres de la axila izquierda, los pasáis por la sartén con el fuego alto antes de reducirlos a polvo y lo metéis dentro de un pedazo de pan que deslizaréis en el desayuno de vuestra amiga...»

10 frases **de estrella sexi**

Las estrellas del cine cada vez tienen menos pudor en contar su vida sexual... Hay muchos comentarios de los testículos de Warren Beatty en esta muestra de declaraciones explosivas, sacadas de la prensa amarilla.

1. Anouk Aimée: *«Yo salí (sic) con Warren Beatty. Es la versión masculina de una rubia idiota.»*

2. Pamela Anderson: *«En doce años, sólo he tenido diecinueve hombres en mi vida... Vistas las tentaciones en este ambiente, y en comparación con otras actrices que conozco, soy una santa...»*

3. Anémone: *«A los hombres hay que renovarlos de vez en cuando, es como las sábanas: se airean.»*

4. Naomi Campbell: *«Soy una suripanta integral.»*

5. Étienne Daho: *«Acepté mi bisexualidad desde el primer momento. Jamás he tenido ningún problema con el culo.»*

6. Madonna: *«Me gusta mi conejo, ese condensado de mi vida. Creo que tengo un nabo en la cabeza, así que ¿por qué tener otro entre las piernas?»*

7. Sharon Stone: *«Siempre he dicho que un hombre debía tener unos cojones del tamaño de New Jersey para vivir conmigo.»*

8. Sylvia Kristel: «He echado un polvo con *Roger Vadim y Warren Beatty, pero eso no es ninguna hazaña. Prefiero joder con los técnicos del plató pues, si lo cuentan, nadie va a creerles.»*

9. Amande Leur: « *Si alguien es célibe, decimos que se tira a un tipo diferente una vez por semana, a pesar de esto representa una buena cincuentena en un año. En unos treinta años vendrán a ser unos mil quinientos.»*

10. Michael Jackson: «*Madonna dijo que no pude; la verdad es que no quise porque realmente es monstruosa en la cama.»*

10 signos que anuncian el **orgasmo** femenino según el Tao

El Kama Sutra chino se asocia muchas veces a su discurso sobre la retención de la eyaculación, pero los libros de erotología china también ofrecen otras enseñanzas, como estos diez signos del placer femenino, descritos por la «sexóloga» Sou-nu, tutora del joven emperador Houang-ti, hacia el año 3000 a.C., y llamada por el sobrenombre de La joven cándida...

1. «La mujer rodea al hombre con sus brazos mientras que la parte inferior de su cuerpo se anima. Ella lo lame con la lengua y trata de excitarlo. Así muestra que su deseo es ardiente.»

2. «Su cuerpo perfumado está acostado, sus miembros tendidos e inmóviles, respirando fuerte por la nariz. Así, indica su deseo de que él siga moviendo su miembro dentro de ella.»

3. «Con sus palmas abiertas juega con el Martillo de Jade dormido del hombre, frotándolo contra ella. Así ella indica que tiene ganas de él.»

4. «Sus ojos y sus cejas se mueven, emite sonidos guturales o provoca al hombre con la voz. Así indica que está muy excitada.»

5. «Separa sus pies con las dos manos abriendo de par en par la Puerta de Jade. Así indica que su placer es considerable.»

6. «Su lengua sale como en duermevela o medio embriagada. Así indica que su vulva reclama golpes alternativamente profundos y superficiales y que se realicen con fuerza.»

7. «Con los pies y los dedos estirados, trata de retener en ella el Martillo de Jade del hombre... Al mismo tiempo, murmura en voz baja. Así indica que la marea del Yin sube.»

8. «Está obteniendo lo que desea y curva un poco la cintura. Está sudando y sonríe. Así indica que reclama mucho más y que no quiere que el hombre se pare.»

9. «El dulce sentimiento de voluptuosidad continúa, su placer aumenta. La marea del Yin ya está aquí. Aprieta con fuerza al hombre. Así indica que todavía no ha alcanzado el orgasmo.»

10. «Todo su cuerpo está ardiente y húmedo de sudor. Sus manos y sus pies se relajan. Así indica que ahora está colmada.»

10 orgías **históricas**

Participar en una orgía, pero amigo mío no lo pienses más... ¡Al grano! ¿A quién invitaríais? La orgía, la juerga sexual, la sexualidad en grupo... Otros antes que tú lo han soñado.

1. Dionisio

Las fiestas en honor de Dionisio, entre los griegos, muchas veces se terminaban con orgias «sagradas». Hacer el amor era una manera de rendir homenaje al «Dios dos veces nacido». Según ciertas leyendas celtas, en Bretaña perduró el culto a Dionisio: había una misteriosa isla que estaba únicamente poblada por mujeres que se acercaban a tierra firme para ofrecerse a los hombres...

2. Bacanales

Las célebres orgías romanas estaban relacionadas con el culto a Baco. Las bacanales se convertían en grandes fiestas libertinas y clandestinas. En el año 186 d.C. un senador interrumpió la fiesta después que le llegara el rumor de un complot al amparo de esos desenfrenos de locura erótica para perpetrar un asesinato. El interrogatorio reveló que la orgía implicaba a 7.000 personas... que fueron condenadas a muerte.

3. Calígula

Algunas películas, adaptaciones de la historia romana o de la literatura libertina antigua, muestran orgías menos violentas y destructivas. Las fiestas eróticas privadas formaban parte de lo cotidiano en la vida de algunos emperadores errantes, como Calígula, donde las fiestas mezclaban sexo y violencia. Según el historiador Suetonio: «A menudo, mientras cenaba o hacía una orgía, preguntaba con sus ojos. Un soldado, ágil al decapitar, cortaba con indiferencia todas las cabezas de los prisioneros.»

4. El Satiricón

El Satiricón (60 d.C. [?]), novela picaresca de Petronio, describe, entre otras cosas, una fiesta en casa de un rico patricio durante la cual los invitados hacen el amor... Uno de ellos, el viejo Eumolpo, se libra a los «misterios Pigiacos». Para que se desvele ese misterio, «Eumolpe suplicó a la *joven que se sentara sobre* su bondad tan conocida...» La mujer se empala sobre su bondad, y la cama se pone a ondular, dando a los amantes un ritmo propio del placer... La esclava Corax estaba bajo la cama, y presionando a cuatro patas levantaba la cama, a Eumolpo y a su amiga... «Cuando la cosa estaba a punto de llegar al lugar de-seado, "Eumolpo exhortó a Corax", con voz sonora, *para que acelerase el movimiento...*» ¡Vaya con lo que hacían los viejos romanos para disfrutar un poco!

5. Sabbat

El mítico sabbat era, según el testimonio de las «hechiceras» obtenido a menudo bajo tortura, una mezcla de reunión, danza, orgía y fiesta de amor. Las brujas celebraban el sabbat volando en sus escobas, hacia antiguos lugares sagrados. El Mont Broken en el Harz, en Alemania, el Mont Chauve cerca de Kiev, el Puy de Dôme en Auvergne...

Los participantes hacían el amor entre ellos, pero también con el diablo, que tenía el sexo rugoso y frío... ¡Brrr!

6. La orgía según Rétif de la Bretonne

Rétif de la Bretonne en su novela *Anti Justine* (1798) explica:

«Y los encoñadores y las encoñadas, se agitaban a cuál más, por encima, por debajo, como diablos y diablesas en una pila de agua bendita...»

7. Las orgías del Regente

Reinó en la Francia de 1715 hasta la mayoría de edad de Luis XV. «A sus cenas asistían *sin orden ni concierto los amigos y las amantes del regente, y las amantes de los amigos, y los amigos de las amantes.*» «Se exaltaban, se decían sandeces *a gritos e impiedades.*» Y después, resume Guy Breton, «*El Regente se inclinaba* hacia su vecina y daba la señal de las inconveniencias. De pronto todos los invitados se precipitaban sobre las damas remangándolas alegremente. [...] A veces, para crear un ambiente agradable desde el principio de la cena, los invitados se metían en la mesa completamente desnudos.» «Meterse en la mesa» es una expresión llena de sentido. Cuando una gran dama de la corte, deseosa de alocarse, se reunía con el grupo de los libertinos, «pasaba de rodilla en rodilla, librándose en su delirio a la lujuria frenética de la fornicación que la rodeaba».

8. Sade

Los *120 días de Sodoma (1785)* muestra las orgías de cuatro personajes: un duque y su hermano, el obispo de..., un presidente del Parlamento y un financiero. Estos encargan a cuatro matronas que les proporcionen muchachas y muchachos para participar en sus orgías, cada vez más gigantescas... En la cuarta cena asisten veinte jovencitas de siete a quince años. En la segunda cena, envían a doce chicas de buen tono de piel, escogidas entre las libertinas más elegantes, pero en la tercera cena se reúnen un centenar de chicas de lo más acanallado.

9. *Eyes Wide Shut*

Stanley Kubrick en su película póstuma (1999) lanzó definitivamente las bases estéticas de la orgía elegante contemporánea, ofreciendo un nuevo e inatendido mercado a los fabricantes de capas y de máscaras venecianas. La orgía ritualizada de *Eyes Wide Shut,* en un decorado del siglo xv reconstruido, en salones amueblados con asientos de terciopelo encarnado, implicando a hombres y mujeres enmascarados, es la referencia actual de los «neolibertinos» que tienen que olvidar que esta bacanal tiene como consecuencia el asesinato de una de las participantes.

10. Clubs de intercambio, Cap d'Agde y otras orgías privadas

Las prácticas sexuales en grupo, por su relativa banalización, han propiciado un vocabulario que designa las figuras dibujadas por los participantes. El enjambre mongol: algunas chicas desnudas bajo un puñado de hombres. O deshojar la margarita: un chico, una chica, un chico, una chica, etc., etc. formando una cadena circular donde cada eslabón está ligado al precedente y al siguiente por una boca que devora un sexo que se ofrece.

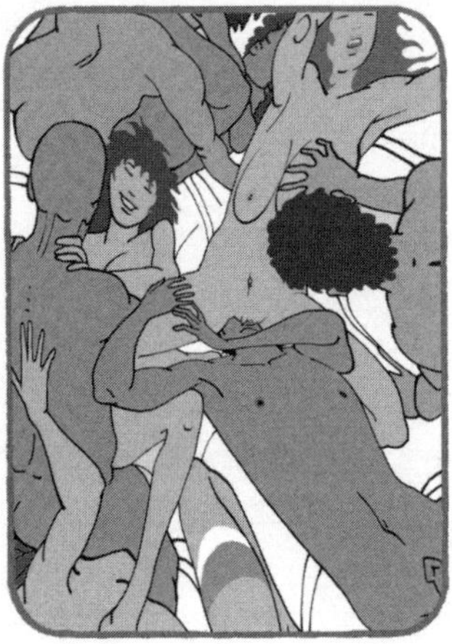

10 **variaciones** del misionero

¿Hacer el amor «a lo cura» respetando los preceptos de la Iglesia que considera que es la única posición admisible? ¡Aburrido! Salvo que se introduzcan pequeñas variaciones...

1. La mujer acostada de espaldas, con sólo un muslo del caballero entre sus piernas..

2. La mujer acostada de espaldas, con los pies cruzados por encima de los riñones del caballero.

3. La mujer acostada de espaldas, con una de sus piernas estirada y la otra dispuesta sobre los riñones del hombre.

4. La mujer acostada de espaldas y el caballero subido encima en contrasentido. El sexo del hombre queda un poco torcido, pero no importa.

5. La mujer acostada de espaldas y el caballero subido encima transversalmente, ídem.

6. La mujer acostada de espaldas, con las piernas levantadas sobre los riñones del hombre que está arrodillado.

7. La mujer acostada de espaldas, con una pierna estirada y la otra levantada sobre los riñones del hombre que está arrodillado.

8. La mujer acostada de espaldas, con las piernas levantadas sobre los hombros del hombre que está arrodillado.

9. La mujer acostada de espaldas, con una pierna estirada y la otra levantada sobre el hombro del hombre que está arrodillado.

10. La mujer acostada de espaldas, con una pierna levantada sobre los riñones del hombre que está arrodillado y la otra sobre su hombro.

10 metáforas animales para designar los juegos amorosos

Las bestias también hacen el amor... Desde siempre, el hombre se ha inspirado de sus costumbres para designar sus propias actividades sexuales. Aquí van algunos ejemplos.

1. Los pájaros
La expresión «meter el pájaro en el nido» designaba la penetración, igual que en esta descripción de una postura amorosa. El hombre está sentado en una silla. «La chica se pone encima a horcajadas, con su rostro fente a él y la acaricia. Ella mete al pájaro en el nido y con sus movimientos excita su follaje...»

2. El cisne
Leda fue amante de Zeus transformado en cisne. Pierre Louÿs, en *Le Crépuscule des Nymphes* (1925) explica: «Leda se abría a él como una flor azul de río. Ella sintió entre sus rodillas frías el calor del cuerpo del pájaro. De golpe, gritó: Ah... Ah... y sus brazos temblaron como débiles ramas. El pico la había penetrado bruscamente y la cabeza del cisne se movía en ella lentamente como si se comiera sus entrañas, deliciosamente.»

3. Los patos
En chino, la expresión los «patos mandarinos» (Yuan Yang) designa una de las treinta posturas clásicas, mientras que los «patos mandarinos en el rocío» son dos amantes que no están casados. Y cazar la liebre, es buscar una pareja masculina...

4. La araña
La expresión «hacer la pata de araña» designa cierta caricia de la mano en la que los dedos hacen como patas que corren por el pene erecto del hombre... Anaïs Nin la describió en *Delta de Venus*.

«Los dedos de Elena acariciaban dulcemente su pene, como una experta araña, rozando los nervios más sensibles y más secretos.

Luego se volvían a cerrar lentamente alrededor del sexo para excitarlo mejor y sentir el efluvio de sangre que lo hinchaba; sentir latir las venas, la repentina firmeza de los músculos; sentir cómo lo tocaba igual que si se tratara de un instrumento de cuerda.»

5. Los peces

La «octava posición» descrita por La joven cándida, personaje central de los manuales de erotismo chinos, compara el sexo femenino a las bocas de los peces. «Invitan a dos mujeres a acostarse, una de espaldas, la otra sobre el vientre y a enlazarse como si hicieran el amor. Sus vulvas están en contacto. Como se frotan, sus bocas de pez se abren espontáneamente, evocando unos peces que nadan tragando burbujas de agua. El hombre se sienta a su lado con las piernas cruzadas. Espera que suba la marea acalorada y que empiecen a aletear. Primero explora con la mano donde las dos bocas de pez están unidas, luego instala entre las dos su vara, sube y baja según se presten sus movimientos, las penetra, entrando por cada lado e intercambiando con ellas el placer conjunto.»

6. La anguila

En erotología china, es uno de los nombre simpáticos del sexo masculino. Mientras que una anguila amarilla (Wang Shan) es un homosexual…

7. La vaca

La «unión de la vaca», según el Kama Sutra es una posición para hacer el amor: «la mujer está en el suelo, como un cuadrúpedo, y el amante se pone encima como un toro, esto se llama la unión de la vaca. En este caso la espalda recibe lo que se le haría normalmente al pecho. Partiendo de esta postura, se pueden considerar muchas otras, como la del perro, la del antílope, la del carnero, el asalto del burro, el juego del gato, el salto del tigre, la presión del elefante, el roce del jabalí, la monta del caballo. Y en todos los casos, se deben imitar los aires de cada uno de esos animales.»

8. El avestruz

La «cola de avestruz» es uno de los nombres que recibe una postura amorosa en la India. La mujer, con agilidad, se mantiene en pie, con las manos en el suelo, ofreciendo su sexo y su culo a su amante ¡que le revuelve las plumas!

9. El asno

Tener una cola de asno era sinónimo de virilidad. Alfred de Musset nos da una prueba en *Gamiani* (1833), a través de una increíble escena de bestialidad: «Un asno. Teníamos dos muy erguidos, muy dóciles. No los queríamos ceder para nada a las damas romanas que los utilizaban en sus saturnales. La primera vez que me pusieron a prueba, estaba bajo los efectos del vino. Me precipité violentamente sobre el estrado, desafiando a todas las novicias. Al instante, colocaron el asno ante mí, con la ayuda de una correa. Su falo terrible, excitado por las manos de las hermanas, chocaba completamente sobre mi flanco...»

10. Los osos

Se autodenominan osos los homosexuales que son muy velludos, bigotudos o barbudos. El nombre de «peluche» sería más explícito porque su abrazo debe ser tierno. Un oso no tiene que ser necesariamente corpulento. Hay muchos tipos de osos: los «cubs» (cachorros), los «chubby-bears» (gordito o regordete) los «muscle bears» (oso musculoso, barba y músculos en una misma persona, ¡socorro!), los «daddies» (hombre grande, mayor o maduro con vello blanco), los «chasers» (cazadores, no son osos y son de complexión media)...

10 maneras

más o menos adecuadas para

jugar con su ano

Si el cansancio se hace cotidiano en la relación, llegó el momento de explorar de nuevo el territorio, queda por conquistar... el de detrás.

1. El postillón

Estás a punto de masturbar a tu amigo(a) o de abandonarte a las delicias de las caricias bucogenitales, lo acompañarás con un pequeño dedo masturbador deslizado en su ano. En el argot erótico del siglo XVIII, a esto se le llamaba «hacer postillón».

2. El pétalo de rosa

Con lengua atrevida, lámele el sexo, luego el perineo, después por fin el ano de tu pareja, bien lavado, bien fresco, como debe ser. Una lengua se insinúa ¿sabías que esta zona es muy erógena?

3. La sodomía

Penetración anal. Si eres un chico, te introduces en la intimidad de tu compañera, o de tu amante... debes ser dulce, usa gel y ternura.

4. El juego de dildos

Los hay de todas las formas, más o menos realistas, más o menos gruesos... Sodomizarás a tu pareja, chica o chico, cogiendo el objeto con la mano o atado con un arnés de cuero alrededor de la cintura.

5. El plug

Un objeto en forma de pica, que se lleva casi constantemente en el ano... Esto prepara para la sodomía, pero también se puede convertir en una fuente de placer completa.

6. El masaje de la próstata

«La próstata es una glándula situada debajo de la vejiga. Sirve para fabricar el líquido seminal que permite nutrir y vehicular los espermatozoides. Esquemáticamente, la próstata se compone de dos partes: la cápsula, o "bolsa" prostática, y la glándula propiamente dicha.» Pero sobre todo es una zona muy sensible, el equivalente masculino del punto G. El masaje de la próstata, que se efectúa con un dedo, un dildo, o un pene procura unas sensaciones...

7. *El fisting*

El *fist fucking*, la penetración de varios dedos o de la mano entera, es una práctica sexual extrema. Como decía un folleto de prevención: «El *fisting* exige mucha calma, tiempo, toneladas de lubrificante y una gran confianza y verdadera conexión entre los amantes.» El filósofo Michel Foucault definía esta práctica como una de las únicas invenciones sexuales del siglo XX. Un artículo en el *Libération* cualificó el *fisting* de «yoga anal».

8. Los lavatorios

El uso de la lavativa durante mucho tiempo fue una manera de purgarse, las actrices de cine pornográfico «limpian» así sus intestinos antes de las escenas de sodomía en primer plano. Los lavatorios también son uno de los elementos de los juegos de dominación. La enfermera se ocupa del enfermo travieso e intratable. Los lavatorios provocan unas sensaciones de «relleno».

9. La doble penetración

Un sexo masculino en la vagina, otro en el ano... Es necesario tener unas relaciones dispuestas y amigables. A menos que se remplace a uno de ellos por un dildo.

10. Escatológico

No, perdón, seamos correctos...

10 **protagonistas** supersexis

Heroinas sexis de la literatura, de la tira de cómic o de películas, se han convertido en modelos de tórrido erotismo...

1. Irma Vep
La actriz Musidora encarnó en la pantalla a la líder de un grupo de bandidos: Les Vampires. El serial de Louis Feuillade (1915), también realizador del primer Fantômas, propuso el primer personaje vamp, Irma Vep, mujer fatal, apareciendo en pantalla vestida con unas mallas negras que hacían fantasear a los hombres a las vísperas de la Primera Guerra Mundial. El realizador Olivier Assayas ressuscitó el personaje en su película Irma Vep, contando la historia de un realizador, Jean-Pierre Léaud, intentando rodar una nueva versión de Les Vampires con la estrella de Hong Kong Maggie Cheung en el papel principal.

2. Catwoman
La casta Selina Kyle, ciudadana de Gotham City, muere asesinada. Unos gatos la resucitan y le dan su flexibilidad y sus míticas «siete vidas». Catwoman se convierte entonces en una caprichosa ladrona, sexi, traviesa y sin escrúpulos. En la pantalla, Selina fue interpretada por algunas bombas anatómicas como Julie Newmar, protagonista de la serie Batman, donde la joven escultural, con sus mallas negras, es la adversaria del hombre murciélago. Después fue encarnada por la morena Eartha Kitt, la rubia Michelle Pfeiffer, y por Halle Berry.

Sexualmente, Cat está lista para todo, pero Batman, con el que está a dos pasos de casarse, todavía se le resiste y lo hará siempre.

3. Emma Peel

Sustituyendo a Cathy Gale (Honor Blackman) al lado de John Steed en el serial Los vengadores (The Avengers, 1961), Emma Peel encarna la mujer moderna de los años sesenta: bella, cultivada, dotada para las artes marciales y sobre todo rebelde, aunque su estatus de mujer casada impide al personaje interpretado por Diana Rigg (1965-1967) que trate de seducir a Steed. En cambio, en la versión cinematográfica de sus aventuras, Uma Thurman no se corta nada a la hora de echarle el ojo a su compañero desnudo en la sauna. Peel fue una de las propagadoras más fervientes de las botas de cuero, elemento fetichista... Su nombre sale a partir de la expresión «men appeal», por la atracción que provocaba en los hombres.

4. Barbarella

Creada en 1962 por el dibujante Jean-Claude Forrest, este personaje de ciencia ficción recorre las galaxias librándose a numerosas fantasías sexuales a lo largo de su viaje como, por ejemplo, el uso de un orgasmatrón, la «máquina libertina». En la pantalla, Roger Vadim le dio en 1968 el color rubio de la gran Jane Fonda, luciendo una especie de conjuntos cortos y brillantes. Y el cantante Gainsbourg cantaba en Qui est in, qui est out (Quién está en la onda, quién no lo está):

Barbarella garde tes bottines
(Barbarella guarda tus botines)
Et viens me dire une fois pour toutes
(Y ven a decirme de una vez por todas)
Que tu m'aimes, ou sinon
Que me amas, o sino
Je te renvoie à ta science-fiction.
Te mando de vuelta a tu ciencia ficción.

5. Vampirella

La mujer vampiro extraterrestre, nativa del planeta Drakulon, protagonista de una tira de cómic publicada a partir de 1969, popularizó un bañador rojo que apenas disimulaba su sexo y sus pechos, rematándolo con unas botas de cuero. En la pantalla la encarnó la escultural Talisa Soto.

6. Wonder Woman

La joven morena con pantaloncito corto estrellado, creada por el dibujante William Moulton Marston, vivió en una isla invisible poblada únicamente por mujeres. Sus aventuras la llevan a velar por la Armada americana durante la Segunda Guerra Mundial. Para ello usa sus múltiples talentos, corre veloz, salta muy alto, puede interceptar las balas con sus muñequeras, puede hacerse invisible y está equipada con un látigo que obliga a decir la verdad a todos los que alcanza con él. Principalmente estuvo encarnada en la pequeña pantalla por Linda Carter, una joven, morena y exhuberante mujer con un físico de página central de Play Boy. Un pecho generoso moldeado por un corpiño dorado, pantaloncito corto, largas piernas desnudas, botines rojos... una especie de animadora dotada con superpoderes.

7. Gwendoline

El dibujante John Willie creó en 1949 el primer personaje abiertamente fetichista en una tira de cómic, Sweet Gwendoline, a la que sus aventuras la llevaban regularmente a ser encerrada, atada, o utilizada como un caballo de tiro... Just Jaeckin, el realizador de Emmanuelle, llevó sus aventuras a la pantalla. Y la actriz Zabou encarnó, a menudo desnuda, a la amiga de Gwendoline, interpretada por Tawni Kitaen.

8. Emmanuelle

Emmanuelle Arsan, pseudónimo de Marayat Andriane, nacida en Bangkok en 1940,es la autora de una novela erótica resueltamente publicada en 1959 por Éric Losfeld. Anteriormente había sido adaptada a la pantalla por un cineasta italiano antes que lo hiciera Just Jaeckin en 1974, con Sylvia Kristel en el papel principal. La película tuvo un éxito espectacular, popularizando los sillones de ratán, las camas con baldoquín y la masturbación femenina...

9. Joy

Joy es, junto con Emmanuelle, una de las protagonistas de series eróticas más especiales. En la pantalla estuvo principalmente encarnada por Brigitte Lahaie y luego por Zara Whites. Joy es escritora, casada, aunque no por ello menos abierta a cualquier experiencia erótica. La encontramos en Joy, 1983, de Serge Bergon y en Joy et Joan,1984, de Jacques Saurel. A continuación fue la protagonista de telefilms más edulcorados producidos por M6, Joy in love, Joy à Hong-Kong, Joy à Moscou, Joy à San Francisco y Joy en Afrique. El estilo «Joy» es de los más clásicos, liguero y... y nada más.

10. Xena

Xena la guerrera, interpretada por la morena Lucy Lawless, es la protagonista de una serie televisiva (1994-2001) creada por John Schulian y Robert Tapert. Es una especie de bandolera de grandes rutas sembrando la desolación en los pueblos de la antigua Grecia —según lo imaginan en Hollywood. Después de encontrarse con Hércules, se convierte y prosigue con sus aventuras errantes, aunque ahora por motivos nobles y buenos. Sobriamente vestida con piezas de armadura, Xena vive una relación bastante confusa con su compañera Gabrielle, con lo que casi se gana el estatus de icono homosexual.

10 maneras **sucesivas** de hacer el amor esta noche. **¿10?** ¡Sí, 10!

¡Diez!

1. En el ascensor antes de llegar
2. Bajo la ducha mientras os aseais
3. Felación
4. Cunnilingus
5. Una buena Andrómaca
6. Un 69
7. Entre los pechos
8. Sodomía a cuatro patas
9. Como dos pequeños animales fogosos
10. Y a la perezosa para volver a empezar y terminar...

Una última cosa, aunque... debe seguir siendo «un secreto».

1. ¡El secreto del amor!

ÍNDICE

Atrévete...

Atrévete... a volver loco a tu hombre en la cama (Consejos de un amigo gay)

Erik Rémès

¿Estáis seguras de que conocéis perfectamente la anatomía de vuestro hombre, con todas sus zonas erógenas, hasta las más sutiles? ¡Pensaréis que para vosotras la masturbación y la felación no tienen secretos! Pues preparaos para llevaros más de una sorpresa y realizar grandes descubrimientos... Por vez primera, un gay os va a desvelar todos los secretos de la sexualidad masculina.

Atrévete... con el azote, el juego feliz

Italo Baccardi

El azote es una de las prácticas sexuales más antiguas y extendidas. Sin violencia ni humillación (o tan sólo con una pizca de ambos elementos), este pequeño juego libremente consentido entre adultos ha formado desde siempre parte de los rituales eróticos más tórridos. Recomendado en el pasado para revigorizar los ardores masculinos, el azote se convertirá en uno de los cómplices de tu sexualidad.

Atrévete... a descubrir las técnicas del placer

Italo Baccardi

Esta guía te proporcionará todos los consejos destinados a descubrir las técnicas del placer. Tatuajes, lencería erótica, afrodisíacos, depilación, gimnasia del perineo, masturbación... no deja ningún tema en el tintero. Unas breves lecciones de masaje te convertirán en un experto en sensualidad. Cuando hayas leído y puesto en práctica estos consejos, tu cuerpo estará incuestionablemente listo para el amor.